親鸞伝と本願寺俯瞰

―東西本願寺のちがい―

鎌田宗雲 著

永田文昌堂

まえがき

私は中央仏教学院に奉職していました。この勤務がかけがえのない財産になっています。そのおかげでたくさんの人に育てられ、身に余る多くの法縁に恵まれました。そのつどに親鸞の教えと生きざまを学び、法座で「いのちの行方（ゆくえ）」をお同行と共有して、お念仏のある生活をよろんできました。

学生時代には小山法城、山本仏骨、浅井成海などの先生に導びかれてきました。とりわけ私淑していた金子大栄の著書と法話集をすべて貪り読みました。また先生と炬燵を囲み、親鸞の教えの理解を友達と共に教導いただきました。若い頃の思い出です。その故に金子大栄の口癖だった「生の依りどころ（阿弥陀如来）と死の帰するところ（浄土）」をいつも法話の骨子にして、私なりに「生きる力としての念仏」を懸命に伝えてきたつもりです。気づけば、あっという間に時間が流れて、今は枯木龍吟（こぼくりょうぎん）の齢（よわい）となり、今までのご縁を時折に思い出して過ごしています。

コロナで思いがけなく時間の余裕が続いています。誰かの伝道教化に役にたてればと願い、「親鸞伝点描」（積年の疑問）、「東西本願寺のちがい61」（わかった範囲）、「本願寺俯瞰」（本山のいろいろ）を書きました。拙著『もう少し知りたい仏事と本願寺の話』『知っておきたい本願寺の故実』と重複しているところがありますが、そこはもう少し知識が深まるように補筆をしています。いつ収束するのか見通せないコロナが蔓延している昨今なので、積んでいた本を書斎で乱読することが多くなりました。おかげで本書をゆっくり推敲できたような気がしています。なお、宗門外の読者に忖度（そんたく）して敬称を用いるべき親鸞、歴代宗主、研究者に敬称を用いていません。この忖度は宗門人として心苦しいのですが、私の気持ちを汲みとっていただきご宥恕くだされば幸いです。

最後に新社屋建設中の忙しいなか、永田文昌堂社主の永田悟氏にご指導をいただいて本書が上梓できました。ありがたいことです。ふりかえれば、気ままな私を社主が五〇年近くも導いてくださっています。万感の想いの中、心からその御芳情に感謝申しあげます。

二〇二三年五月

合　掌

目次

まえがき……一
第一章　親鸞伝点描
親鸞の実像を探る……九
範宴（親鸞）と慈円（二人に接点はあったのか）……二八
比叡山時代（霧につつまれた時代）……四九
名号本尊……六七
親鸞の妻・恵信尼㈠……七五
親鸞の妻・恵信尼㈡……九四
『本願寺親鸞聖人伝絵』（『御伝鈔』）……一〇一

第二章　東西本願寺61のちがい

東西本願寺61のちがい……一一九

第三章　本願寺俯瞰

本願寺と山号……一五一
歴代宗主（門主）の諱と諡号……一五四
本願寺のトラとサル……一五七
阿弥陀如来像（ご本尊）の安置……一六一
御蓮台……一六八
大御身と御転座……一七一
本願寺の不思議……一七四
親鸞を看取った人たち……一七八

両御堂の出現……一八五
阿弥陀堂……一八九
御影堂……一九五
聖徳太子と六高僧の御影……二〇一
六老僧……二〇六
御仏飯……二一二
門徒の意味……二一七
「御文章」の基礎知識……二二三
「御文章」の拝読……二三五
「領解文」の基礎（追記「新しい領解文」の発布）……二三九

第一章　親鸞伝点描

親鸞の実像を探る

不思議なことに親鸞の生涯や思想を記したものは、浄土真宗以外に見当たりません。また、学生時代に源空（法然）と善信（親鸞）の親密な師弟関係を教えられました。ところが、浄土宗関係の史伝を渉猟したのですが、意外なことに源空はどこにも善信を語っていません。法然没後から四十五年の正嘉元年（一二五七）に愚勧住信が『私聚百因縁集』（国立国会図書館デジタルコレクション）を著しましたが、ここに法然の高弟は幸西（一念義）、弁長（鎮西義）、隆寛（多念義）、証空（西山義）、長西（諸行本願義）だと記しています。善信の名前はでていません。さらに法然没後から九十年の応長元年（一三一一）に東大寺の凝然が『浄土法門源流章』（『浄土宗全書』十五）を著して、白川門流の信空と一念義の行空、幸西、弁長、隆寛、証空、長西の七人を「法然の親承面受の弟子」と紹介しています、ここにも善信の名前はでてきません。これはどういうことなのでしょうか。親鸞は著書や手紙に出自・親兄弟・家族、また出家の動機や比叡山時代の修行と下山の理由、法然門下になった縁と理由、流罪生活、どうして関東移住したのか、どうして帰洛したのか、帰洛後の生活を何一つ伝えていません。私が親鸞について語れるのは、親鸞没後から三十三年経った永仁三年（一二九五）に、覚如が『善信聖人絵（ぜんしんしょうにんえ）』を書いているからです。また大正時代に「恵信尼消息」が発見されたからです。覚如は『善信聖人絵』を『本願寺親鸞聖人伝絵（ほんがんじしんらんしょうにんでんね）』（以後は『御伝鈔』と表記）と書名を変えて、改訂版をだしました。私たちは康永本の『御伝鈔』（康永二年十一月二日）と「恵信尼消息」から親鸞の生涯を伝えているのです。中澤見明が『史上之親鸞』で、

> 覚如上人の手に成った『善信聖人親鸞伝絵』であるが、その中には史実と見るべきものが少なく、殆んど夢物語を以て充されて居る。私は此『親鸞伝絵』の述作が聖人一生の史実を載せるためではなく、聖人の信仰、即ち浄土真宗の教義を述べるために、名を聖人の伝記に寄せての仮作であらうと思ふ。それで此『伝絵』

の主要の部分は聖人の実伝ではなく、他の目的のために創作せられたものであらうと思ふ。然るに覚如上人の著作の真意が誤られて、後世それが史伝として取り扱われ、以来今日に至るまで総ての聖人の伝記は、何れも此『伝絵』を骨子として、それに皮肉をつけたものであるから、猶更その価値の少ないものである。併し『伝絵』の主要の部分は創作であるとしても、聖人の一生を題材として作られたものであるから、その背景となった部分には、猶幾分の史実が含まれているに相違ない。それで聖人伝の参考史料としては、最も重要なものであると思ふ。

と『御伝鈔』の核心をついて、私たちが『御伝鈔』を親鸞の正史であると思い違いしないようにと、大正十一年に注意を喚起しています。中澤見明は「覚如上人の著作の真意が誤られて、後世それが史伝として取り扱われ」てきたので、『御伝鈔』を親鸞の正史と思っている人が多いと嘆いています。これから百年経った現代でも多くの人がそう思っているのでないでしょうか。今一度、中澤見明の警鐘に心を寄せて、『御伝鈔』がどのような目的で著作されたのか理解しておくべきです。覚如が伝道教化のために『御伝鈔』を創作したことを知っておかなければ、親鸞の生涯の記録だとミスリードされてしまいます。親鸞の生涯のなかのできごとと、初期真宗教団におきている喫緊の課題を、親鸞が遭遇したできごとのように巧みに織り交ぜて、念仏者はどのように生活したらいいかを示しているのが『御伝鈔』です。しかし、親鸞の生涯を知る手掛かりは『御伝鈔』だけです。そういう意味から、『御伝鈔』を慎重に読みときながら親鸞を伝えてゆかねばなりません。

『御伝鈔』以外で親鸞の生涯にふれている乗専の『最須敬重絵詞（さいしゅきょうじゅうえのことば）』（『真宗聖教全書』三）があります。そこに「①幼稚にして父を喪い、伯父の日野範綱の養子として育てられた。②九歳の春に青蓮院の慈円の弟子となり、範宴少納言公と名のった。③建仁元年の二十九歳のとき、生死をのがれる道を求めて六角堂に百日参籠した。九十九日目に聖徳太子の夢告をうけて法然の弟子となり、綽空と名のった。後に夢告によって善信と改め実名を親鸞と号した」と、経歴を簡単に記しています。また、存覚の『嘆徳文（たんどくもん）』（『真宗聖教全書』三）があります。そこに「①慈円の弟子となった。②名聞利養を求めず出離の道を得ようと、根本中堂や多くの霊場に参詣し、六角堂百日参籠の結果、法然の弟子になった」と、簡単な経歴を記しています。また、存覚の『六要鈔』（『真宗聖教全書』二）にもふれています。そこに「①青蓮院の慈円の弟子になり、範宴少納言公と名のった。②法然の弟子になって綽空と名のり、聖徳太子の夢告によって、法然の許しを得て善信と名のるが、これを仮名として、後に実名を親鸞と号した」と、簡単に紹介しています。しかし、おそらくはこれらの三本は『御伝鈔』をもとにして書いているので、『御伝鈔』以上の目新しい記事はありません。

親鸞没後から数百年して、根拠不明の親鸞伝記が流行しました。覚如に仮託されたという作者不明の『親鸞聖人御因縁秘伝鈔』（『大系真宗史料伝記編一』）を、親鸞没後から四五三年の文和元年（一七一五）に良空が増補・改訂して『親鸞聖人正明伝』（『大系真宗史料伝記編一』）として著しました。続いて、翌々年の享保二年（一七一七）に、良空が『高田開山親鸞聖人正統伝』（『真宗史料集成』七）を著しています。この『高田開山親鸞聖人正統伝』は、後代に山田文昭が『親鸞とその教団』序説（一九四三年、昭和二十三年）に、「徳川時代に成立した幾多の親鸞伝の中では、かなり有力なる一つであって、明治の晩年までに出た親鸞伝は、多少皆その影響を蒙っていないものはない」と評しているほど、江戸時代に広く流行していた親鸞伝記です。ところが、この本の発行から六十七年経った天明四年（一七八四）に、大和大乗寺の大慶が著した『非正統伝』（佐々木月樵編『親鸞伝叢書』）を玄智が補足して、良空の親鸞伝記は根拠がみあたらず信用ができないと批判をしています。

その他に法話をまとめた『親鸞聖人御因縁』や『親鸞聖人由来』などがあります。これは史実でないのですが、大衆の中で形成された親鸞が伝えられています。近年に山形大学の松尾剛次が『親鸞再考』（平成二十二年、二〇一〇年）に、また哲学者の梅原猛が『親鸞「四つの謎」を解く』（平成二十九年、二〇一七年）に、『親鸞聖人正明伝』を再評価しています。でもこの評価をどうけとめたらいいのでしょうか。このことについては、後述の「親鸞の妻恵信尼」で少しふれますが、『親鸞聖人正明伝』の親鸞と玉日の結婚を歴史的事実と認めるには問題があります。

親鸞の正史がありませんので、親鸞伝はどうしても『御伝鈔』に縛られています。ところが、近年に史実ではないが、大衆が求めた親鸞を研究した新しいタイプの伝記がでてきました。たとえば、塩谷菊美の『語られた親鸞』（平成二十三年、二〇一一年）です。これは『親鸞聖人御因縁』（『大系真宗史料伝記編一』）などの非『御伝鈔』系統の八種の親鸞伝から、各時代に親鸞がどのように形成されてきたかを考究しています。鎌倉時代末期から明治時代中期までの親鸞伝を、近代史学の方法で物語としての親鸞を緻密に考察しています。いわば真宗信者の思いを伝えている物語の親鸞が、どのように大衆化してきたかを読み解こうとしています。各伝記が意図している親鸞を探りながら、信者が各時代に求めていた親鸞を、物語で語られた親鸞伝として鋭くきりこんでいる力作です。また、大澤絢子の『親鸞「六つの顔」はなぜ生まれたのか』（令和元年、二〇一九年）があります。大澤絢子は「親鸞のことはなんとなく知っているつもりでいたが、こんなにも実態が分からない人なんだと驚くと同時に、では、私たち日本人がイメージする親鸞像とは一体どうやって出来上がったのか、疑問に思った」というのが研究の原点で、この問いの答えを求めて自身の博士論文に加筆・修正したものです。日本人の多くが知っている親鸞ですが、正史がないので、不明なところが多い人物です。それ故に各時代にさまざまな親鸞像が形成されてきました。大澤絢子は親鸞没後から現代までに親鸞をとりあげている絵巻物や小説など、実に膨大な資料から親鸞伝を分析して、各時代に親鸞像がどのよう形成されてきたかを考究しています。それは「如来の化身」「法然の弟子」「説法者」「本願寺の親鸞」「妻帯した僧」「『歎異抄』の親鸞」と、親鸞の生涯を六章に分けて、日本人はなぜ親鸞にこんなに惹かれるのかを明らかにしようとしています。「何が史実で、何が伝承か、人々は親鸞のどのような姿を後世に伝えようとしたのか」を、今までにないアプローチで親鸞像を分析しています。

さて、親鸞が伝記にどのように取り上げられているのかを調べてみました。親鸞没後から六十年経って、虎関師錬（こかんしれん）が『元亨釈書』（げんこうしゃくしょ）（元亨二年、国立国会図書館デジタルコレクション）を著しましたが、ここに親鸞の名前はでてきません。また凝然の『浄土法門源流章』（応長元年、『浄土宗全書』十五）にも親鸞の名前はでてきません。さらに承元の法難の経緯と伝聞を記した藤原長兼の日記『三長記』（『浄土学』八、高橋広元の「法難に関する資料としての三長記」を参照）にも善信（親鸞）の名前はでてきません。親鸞の名前が社会に知られだしたのは、親鸞没後から二百年が過ぎた室町時代の頃だといわれています。親鸞没後から四百四十年が経った元禄十五年（一七〇二）に、師蛮が『本朝高僧伝』（『大日本仏教全書』史伝部）を書いていますが、これにも親鸞の名前がでていません。東西本願寺が社会的な存在をそれなりにしめていた時代なのに意外です。いかに宗旨が違うといっても、師蛮が親鸞の名前を知らなかったとはとうてい考えられません。

どうして親鸞の名前が伝記にでてこないのか、私なりにその理由を考えてみました。その結果、私は越後流罪以降の善信（親鸞）の生きざまに関係があるのではないだろうかという気がしています。理不尽な承元の法難の処罰によって、善信（親鸞）は強制的に度縁没収（僧籍剥奪）と藤井善信の俗名を与えられ還俗して流罪になりました。どうして俗名が藤井善信になったのでしょうか。それは権大納言中山定親の日記『薩戒記』（『大日本古記録』、応永三十二年正月二十九日）から想像できます。中世社会では地方の下級官職を任命するときには、藤原氏は藤井に、源氏は原に、橘氏は立花に、平氏は平群と書き改めるのが通例だったみたいです。善信（親鸞）は藤原氏支流の日野家の出身といわれているので、罪人が藤原姓を名のるのを憚られ藤井姓を与えられたのでしょう。承元の法難（※法難は建永二年二月二十八日で、承元の改元は建永二年（一二〇七）十一月十六日です。よって法難は承元と改元する前の出来事です。そうですから建永の法難と呼称すべきと思いますが、今は伝統宗学に従って承元の法難と表記します）で、善信はどうして流罪になったのでしょうか。善信は僧籍剥奪と還俗処分をうけているので、公的な手続きを経てからの処罰とわかります。承元の法難は諸行往生を否定して一念義を主張していた僧侶を処罰するようにと、興福寺奏上に訴えられていたことから起きた事件です。そこで御所の仁寿殿で公卿が念仏停止を評定（※『御伝鈔』下巻第一段、「御絵伝」第三幅第二図）をしたのちに一念義の僧侶を処罰した事件です（※慈円の『愚管抄』と『勅修御伝』は住蓮と安楽の死刑と法然の流罪のみを記事しています。ところが、親鸞没後から六十年、法然没後から百年を経た元亨三年（一三二三）に、覚如が「『拾遺古徳伝絵詞』を著して、法然を中心とする伝記を書きました。この記事の根拠は明らかでないのですが、親鸞がふれていない流罪八人、死罪四人の処罰を記事しています。また『歎異抄』奥書も『拾遺古徳伝絵詞』と同様の顛末を記事しています）。

『教行信証』の後序に、

興福寺の学徒、太上天皇　後鳥羽院と号す、諱尊成　今上土御門院と号す、諱為仁　聖暦承元（※建永二年の事件なので、承元はあきらかに建永の誤記）丁卯の歳、仲春上旬（※法難は二月上旬でなく、二月下旬の誤記）の候に奏達す。主上臣下、法に背き義に違し、忿りを成し怨みを結ぶ。

という言葉がでています。承元の法難の宣旨は建永二年（一二〇七）二月二十七日に土御門天皇がだしたものです。しかし、十三歳の土御門天皇の意思とは考えられず、これは院政をしいていた後鳥羽上皇の意向であろうと言われています。顕密仏教界は当初は善信（親鸞）を処罰の対象と考えていなかったようですが、後から流罪の対象に加えたみたいです。そういう事情からなのでしょうか、当時を振り返って憤りをぶつけているような文章です。顕密仏教界が処罰を求めたのは、思想的に諸行往生を否定していた人だけです。善信も幸西、行空、証空と同じように一念義を主張していました。そのことが後で顕密仏教界に知られて処罰の対象に加えられたといわれます。承元の法難の処罰がくだりましたが、処罰の対象だった幸西と証空は、慈円の身元引き受けがあったので流罪から免除されています。ところが、善信は強制的な度縁没収と還俗後に流罪になっています。この流罪の判決は国家から僧侶と認められなくなったことを意味しているので厳しい処罰です。善信は流罪地の越後で愚禿（ぐとく）親鸞と名のり、非僧非俗（ひそうひぞく）の在家生活をするようになりました。師蛮は常識的な僧侶の生き方からみて在家生活の親鸞を、どうしても僧侶と認知することができなかったのでしょうか。こう考えてみると、親鸞の名前が伝記に記されていない理由がわかるような気がします。

このことについて、中澤見明は『史上之親鸞』に、

　親鸞聖人の名が『元亨釈書』や其他の当時の記録に見えないと云て怪しむべきでない、それは当時教界の人々の目に立つような花々しい活動は聖人に於てはな

かったのである。聖人の伝記が明（らか）でないのも全く聖の性格が斯くあらしめたのである。即ち聖人の教化の所対が下層民であった事がその一であったと思ふ。

と、親鸞が各種の伝記本にでていない理由の核心をさらりと指摘しています。私もそうであったのでないかと思っています。

ところで、日清戦争の終りごろから近代史学の手法で、今までにない親鸞伝を試みようとするものがでてきました。たとえば同志社出身の牧師・村田勤が、明治二十九年（一八九六）に『史的批評　親鸞真伝』（国立国会図書館デジタルコレクション）を書きました。彼はキリスト教徒となってからも、人間親鸞の魅力をもっと知りたいと願いました。が、「いまだに弥陀の化身とか観音菩薩の化身」と伝えられている親鸞に、何の疑問をもっていない人々がいる現実を知り愕然としました。その根本の理由は『御伝鈔』が親鸞の正史と信仰されていることにあると見抜きました。「第一章　本伝著述の目的及び其困難」に、

> 彼に関する記録はことごとく彼の崇尊家、とくに彼の血族の筆に成り……最初から親鸞を崇尊してかかり、弥陀の化身や関白兼実公の婿殿という理想像を描いておいて、その上に稗史的（はいしてき）な美服をまとわせたにほかならない。当今文明の世、いったい誰がこのような仏教者の妄譚を信じるだろうか。

と、本願寺に帰依させる目的で書いている『御伝鈔』を、親鸞の生涯のできごとと信じている人々がいることに溜息をついています。村田勤の親鸞伝への視点は斬新でしたが、肝心の親鸞伝になると『高田開山親鸞聖人正統』を引用しているだけに終わっています。また、明治四十三年（一九一〇）に大谷大学の佐々木月樵（ささきげっしょう）が『親鸞聖人伝』（『親鸞伝叢書』、国立国会図書館デジタルコレクション）を著しました。この本の告白（序文）に、「伝記は事実の記載である」とか、「我が聖人を人間以上とみなしたり、宗我の偏見に陥ったりしないよう、常に努力した」という心意気はすばらしいのですが、内容は『御伝鈔』を出るものではありません。

長い時代を通じて、近代初頭までは親鸞の出自などに努々（ゆめゆめ）疑う人はいませんでした。ところが近代史学の親鸞伝研究は、真っ向から『御伝鈔』に疑いの眼をむけてすすめられてきました。九州大学の長沼賢海の「親鸞聖人論」（史学雑誌第二十一編第三〜十号、一九〇七年）のなかで、『御伝鈔』を徹底的に検証し、その史料的な価値を否定しています。厳密に検証すればするほど、親鸞の人生が曖昧なものになってきたのです。そこで『御伝鈔』は東西本願寺の創作で、親鸞は架空の人物だとまで極論しています。さすがにこの主張に同意する人はいなかったといいます。大正時代になってから、東京大学の辻善之助が親鸞の真跡を徹底的に調査しました。親鸞の直筆だと伝来される名号などの真筆を調査しました。その結果を大正九年（一九二〇）に『親鸞聖人筆跡之研究』として出版しました。さらに翌年の大正十年に本願寺蔵から「恵信尼消息」の発見がありました。これ以後は資料のつきあわせをしながら、親鸞の実像をあきらかにしようと研究者が模索をしています。親鸞の歴史学的な研究のひとつの到達点を示したと評価されるのが、後代になりますが、赤松俊秀の『親鸞』（昭和三十六年）です。

さて、辻善之助の推薦文がある中澤見明（なかざわけんみょう）の『史上之親鸞』（大正十一年、一九二二年）

が世に出て、真宗教団が大きな衝撃をうけたといいます。その理由は当時の教団人のほとんどの人が、『御伝鈔』を親鸞伝記そのものだと信じていたからです。中澤見明は『御伝鈔』を、「序説、聖人の俗姓、聖人の幼時と在叡時代、六角夢想と吉水入室、吉水門下に於ける聖人、聖人越後配流及其家族、常陸稲田の幽棲時代、帰洛後の聖人、聖人性格及その思想、聖人の入滅、結論」と分けて、確実な史料だけに基づいた近代史学の手法で親鸞の実像に迫っています。発刊されるや否や、『御伝鈔』を親鸞の史実だと信じている真宗教団人に大きな衝撃が走りました。中澤見明は『御伝鈔』は総じて本願寺中心の組織にしようとしている覚如の野心で創作されていると総括しています。これから少し年月が流れ、大谷大学の山田文昭が関係史料を精査して、中澤見明が主張していた諸点のなかの誤りを見つけ、それを『真宗史稿』（昭和九年、一九三四年）に発表しました。そこに『御伝鈔』は史実あるいは史実に近いものが記録されており、親鸞が日野家の出身であると反論をしました（※山田説は中澤説に対する反論と論証で、親鸞の生涯をより明らかにしたものでありません。ただ親鸞の出自については、その後の研究者たちが山田説同様に日野家出身を明らかにしています。ただ史実に近いものと言う山田説の真意がどこにあるのか私にはわかりません。史実が親鸞の在世中のことなのか、覚如の時代のことなのか曖昧だからです)。中澤見明はこれらの指摘によって、自説の一部の誤りを認めましたが、指摘されたすべてを認めたわけではありません。ともあれ、中澤見明の指摘によって真宗史学が緻密になってきたことにはまちがいありません。いわば、中澤見明は親鸞伝のより緻密な研究をするきっかけをつくってくれた恩人だといえます。

戦後の真宗史学の分野の研究にめざましい成果がでてきました。この研究で明治時代の村田勤の轍を踏むことはゆるされません。親鸞の生涯の中の一部分と教団に逼迫していた問題の解決を、覚如が親鸞によせて当時の念仏者に周知させたいと書いた『御伝鈔』です。そうですから親鸞の生涯の正史は存在していません。よって近代史学は親鸞の生涯と関連している社会背景を分析しながら、「親鸞がどんな時代に、どのように生きていたか」を検証する作業をしています。たとえば昭和二十三年(一九四八)に服部之総の『親鸞ノート』、昭和三十二年(一九五七)に笠原一男の『親鸞と東国農民』、昭和三十四年（一九五九）に松野純孝の『親鸞　その生涯と思想の展開過程』、昭和三十六年（一九六一）に赤松俊秀の『親鸞』、昭和四十三年（一九六八）に宮地廓慧の『親鸞伝の研究』、平成十年（一九九八）に平松令三の『親鸞』、平成十一年（一九九九）に二葉憲香の『歴史のなかの親鸞』、平成十二年（二〇〇〇）に千葉乗隆の『親鸞聖人ものがたり』、平成二十三年（二〇一一）に平雅行の『歴史のなかに見る親鸞』、平成二十三年（二〇一一）に真宗史刊行会編の『大系真宗史料　伝記編一　親鸞伝』、令和四年（二〇二二）に大野顕之の『親鸞伝の史実と伝承』などが発行されました。しかし、親鸞の正史が存在していないので、親鸞の生涯のすべてが明らかになったわけではありません。大谷大学の草野顕之が「親鸞の伝記」（小川一乗監修『シリーズ親鸞』六、二〇一〇年）に、「親鸞の生涯は『御伝鈔』を基礎とし、そこに親鸞聖人消息や恵信尼消息を繋ぎ合わせたようにして語られてきた」と述べているように、今でも「恵信尼消息」と『御伝鈔』の出来事とを照合して親鸞の生涯が伝えられています。そこで、研究者が「それが事実であったかどうか、その出来事が親鸞の思想においてどんな意味をもつのか」を模索しているのが現状です。

範宴（親鸞）と慈円（二人に接点はあったのか）

毎年、日曜学校の卒業記念に本山参りをしているのですが、範宴（のちの親鸞）の得度伝説がある青蓮院（しょうれんいん）をも参拝しています。不思議なことに、青蓮院には「親鸞聖人の御得度間」、「植髪堂」、「親鸞聖人遺髪塔」、「親鸞聖人童形像」があります。どうしてこのようなものが存在しているのか私には不可解です。これは範宴（親鸞）の得度伝説の産物なのでしょうか。

しかし、範宴が青蓮院で得度したことは『御伝鈔』のみが伝えているだけです。範宴の得度は青蓮院で慈円の戒師によってされたと『御伝鈔』が伝えています。範宴はこの時に天台宗の僧侶になったわけです。この時には本願寺がまだ誕生していないので問題はありません。問題は本願寺歴代宗主の得度が、範宴の得度に倣って第十代証如まで青蓮院で得度していると教えられていることです。今更ながらこんなことを申すと無娱ですが、そうだとしたら範宴（親鸞）と如信は除外しても、他門僧籍の宗主が長く本願寺教団を導いてきたことになります。あまり気にしなくていいことなのかもしれませんが、私にとってこれは信じがたいことです。ちなみに『本願寺史』（一九六一年、国立国会デジタルコレクション）から歴代宗主の得度を確認しました。すると、第四代善如が青蓮院で得度したと『大谷本願寺通紀』に記事しているとあり、第八代蓮如が青蓮院で得度したとあるのみです。ところが、第十一代顕如は父の証如が重篤になり、円如の母の慶寿院鎮永尼の取り計らいで、俄かに石山本願寺内で得度をしたと『私心記（ししんき）』（『大系真宗史料』文書記録編十）と、『信受院殿記（しんじゅいんでんき）』（浄土真宗本願寺派総合研究所編『浄土真宗聖典全書』六）に記録されています。それから本願寺嗣法は青蓮院での得度式を廃止して本願寺内で行なうようになりました。顕誓の『反古裏書』（『真宗聖教全書』三）にこの由来を記し、玄智の『大谷本願寺通紀』（『真宗全書』六十八）もこのことを伝えています。顕如以後の宗主は第二十四代即如まで本願寺内で本願寺嗣法として得度式をしています。そして現宗主の専如は一般寺院の師弟と一緒に西山別院で寝食を共して習礼をして得度をしたと聞いています。そういうことから、歴代宗主が浄土真宗僧侶として得度したのは顕如以後からだといえるのでしょうか。

それでは全国寺院子弟の得度はどうだったのでしょうか。得度の冥加金制度が第九代実如時代に発して、第十七代法如時代に自得度・自剃刀の公制にまで進展しています。このことを伊藤義賢の『本願寺派度式考』（昭和七年、国立国会図書館デジタルコレクション）に、「必ずしも本山に於て度式を受くるの要なき自得度（此の名称は院家内陣余間の上級三官に限る）及び自剃刀（之は三之間以下平僧迄の下級の者に対する得度の名称）制度として一般化せらるるに至れり」と記しています。この自得度・自剃刀の認可を得るには本山に冥加金を収める必要がありました。そうですから明治時代までは自分の寺で自得度とか自剃刀をして本山に冥加金を届けると、そのまま本願寺派の僧侶・住職と認められていたようです。本願寺派の得度式の変遷は『本願寺派度式考』によると、次のように改正されています。まず第十二代准如によって大成せられた純真宗式の得度式、第二に第十四代寂如時代に端を発して第十八代文如時代に大成せられた余門化の得度式、第三に明治時代になってから本願寺嗣法と蓮枝の得度式は前宗主までのものとは全く別の儀式に改められて、天台家の得度式をそのまま応用するようになりました。これは純天台式といえます。これは『明如上人日記抄』に「青蓮院宮の御気色に依り尊円親王の度式をうつす」とか、「青蓮院家の得度式に擬す」と記されているところからわかります。このように本願寺の得度式は明如時代までに三の変遷があったことが知られます。

ところが、『明如上人日記抄前編』六（昭和二年、国立国会図書館デジタルコレクション）を読むと、明治十九年四月二日から新しい得度式に変わっています。明如時代になってから一般寺院（※当時は末寺と称していました）の僧侶の得度式に改正がありました。今までは寺格（※寺院といっても本願寺嗣法と蓮枝、上級寺院、下級寺院という寺院格差がありました）の上下に従って得度式の名称が異なっていました。すなわち余間以上の上級寺院は得度と称し、下級寺院の得度式は御剃刀と称していたのです。第二十代広如までは第十七代法如のときに制定されたもの（※余間以上は名称を得度といい、役員に教授・後見役・御剃刀役・理髪役・浸役・瓶役・広蓋役の七種を定めていました。下級寺院の得度の名称は家御免のものと同一の御剃刀の名称を用い、役員は省略して御剃刀上・理髪役・浸役・披露役の四種を定めていました）を踏襲していました。ところが、広如時代になってから得度式を受ける人数が増えてきたので、上級寺院と下級寺院の得度式の名称は前代と同じなのですが、その役員の種類は上級寺院の得度式が今までの七種を御剃刀上・理髪役・浸役・瓶役・広蓋役の五種に改められています。また下級寺院の得度式の役員の四種を改めて御剃刀上と披露役の二役に改められています。これは在家御剃刀と同一の形式に改まったといえます。通じていずれも余門化した内容の得度式に変化がなく以前と同じでした。ところが、第二十一代明如時代の明治十九年四月二日に宗制寺法の改定があって画一的な得度式へと変わりました。これは明治十九年四月の宗制寺法の改定なのですが、得度式の内容はなお依然として余門の侭であったといいます。この改正された得度式は広如時代の蓮枝度式に則り、さらにこれを簡単に制定したものです。明如時代に制定した末寺の得度式は、その後また改正を加えられて現在のようになってきました。特記すべきは第二十一代明如から得度許可は宗主の専権事項となってきたことです。何処に住んでいても、京都の研修施設（西山別院）で習礼をうけて得度をしなければならなくなりました。宗主の許可がなければ、本願寺教団が認める僧侶にはなれなくなっています。少し横道にそれました。

ところで、私は『御伝鈔』の範宴の得度と、慈円と範宴の師弟関係の伝承に疑問をもっています。このことについて、少し考察しておきます。『御伝鈔』に養父で伯父の日野範綱が付き添って慈円の房舎に行き、範宴の得度を後見したとあります。乗専の『最須敬重絵詞』に「幼稚にして父を喪し給けるを、伯父若狭三位範綱卿猶子として交衆をいたす」という記述から、範宴は四歳で実父の日野有範が亡くなり、実母の吉光女（この女性は謎ですが、親鸞の母と言われています）が八歳の時に亡くなったと古くから伝承されてきました。ところが、戦後に本願寺で発見された『大無量寿経』奥書（存覚が正平六年に書写）から、実父の日野有範は親鸞が成人する頃まで生存していたことが分かってきました。それでは、どうして実父でなく、伯父が付き添ったのでしょうか。その理由は歴然です。実家の家柄によって僧侶の昇進がほぼ決まるという裏事情があったからです。この頃の仏教界はもう一つの貴族社会であったといっていいほど門閥が横行していた時代でした。特に顕密仏教界は出身の家柄を重視していたようです。そこで官位の高い人の養子（猶子）になって、少しでも出身の家格をあげようとしていた時代だったといわれています。親鸞の一族でいえば出世頭は日野範綱といわれていますから、彼の養子となって得度にのぞんだと推測されています。

範宴が九歳の春に、青蓮院で慈円の戒師で得度をしたという伝承を、私は気にせず鵜呑みしていました。ところが、範宴が得度をした頃の慈円の様子を知る研修会に参加する機会があり、そこで衝撃的な事実を知りました。その研修会で道快（のちの慈円）の師・覚快が逝去して、道快から慈円と法名を改めたのは養和元年十一月（一一八一）（※治承五年七月十四日に治承から養和に改元）だと知ったからです。範宴が得度したという治承五年の春は、慈円の名前は道快で慈円ではありません。それに、青蓮院は市中にまだ存在していません。当然に道快は青蓮院門跡でありません。道快から慈円と改名した十一月に治承から養和に改元しています。慈円に改名した十一月は、範宴は九歳の冬を迎えており、『御伝鈔』が伝えている九歳の春ではありません。浄土真宗本願寺派総合研究所のホームページに「親鸞聖人のご生涯」(二〇二三年四月一日時点)が載っています。

> 平安時代も終わりに近い承安3年(1173)の春、親鸞聖人は京都の日野の里で誕生された。父は藤原氏の流れをくむ日野有範、母は吉光女と伝える。聖人は養和元年(1181)9歳の春、伯父の日野範綱にともなわれて、慈円和尚のもとで出家・得度をされ、範宴と名のられた。ついで比叡山にのぼられ、主に横川の首楞厳院で不断念仏を修する堂僧として、20年の間、ひたすら「生死いづべき道」を求めて厳しい学問と修行に励まれた。

とあります。これは範宴の得度と比叡山時代をまったく検証せず、『御伝鈔』の記述を要領よく紹介しているだけの記事です。「本山の教学部門の中枢が、こんな内容を公開していていいのだろうか」と気になっています。

そもそも覚如は何を根拠にして、青蓮院での慈円と範宴の得度を伝えたのでしょうか。残念なことに『御伝鈔』に根拠となった史料が示されていません。私は何度も『史上之親鸞』を読みかえし考えさせられました。『御伝鈔』の縛りが感じられない親鸞の実像を求めている本です。長い歴史を通じて『御伝鈔』は親鸞の生涯を記す正史だと信じている人に、中澤見明の願いと指摘がどこまで伝わったのでしょうか。この『史上之親鸞』は初めて範宴の得度に疑問を投げかけました。慈円を戒師として範宴が得度をしたという『御伝鈔』を否定しています。このことは後でふれますが、治承五年の春はまだ慈円（当時は道快）と青蓮院は無関係だった時代です。青蓮院と慈円をすり合わせていけば、慈円を戒師とした範宴の得度はありえないことがわかるはずです。大谷大学の山田文昭の『真宗史稿』も、「慈円入室の弟子なりしや否やは疑問である」と、慈円を戒師とした範宴の得度に疑問をもっています。が、青蓮院での得度の有無については結論を保留しています。龍谷大学の千葉乗隆は『親鸞聖人ものがたり』に、「治承五年九歳の春、伯父範綱にともあわれ、慈円のもとで髪をおろして

出家し…」と『御伝鈔』の記述をそのままに伝えています。また、龍谷大学の平松令三は『親鸞』に、

しかし親鸞は本当に慈円の門下となって出家したのだろうか。中沢見明氏が抱いた疑問を、私も同様に感じ納得できずにいる。

と、慈円と範宴の子弟関係について、中澤見明と同じ疑義を抱いていると述べています。すなわち、青蓮院での得度を否定しています。大阪大学の平雅行が『歴史のなかに見る親鸞』（二〇一一年、平成二十三年）で、

親鸞がもしも『伝絵』のいうように九歳から二十九歳まで二十年もの間、慈円に仕えていたのであれば『門葉記』に名前が出てこないはずがない。

と慈円と範宴の接点を否定しています（※平成二十六年（二〇一四）の『伝道』八十二号の「親鸞の出家と慈円」にも、慈円の戒師で範宴が得度式をしたという歴史的事実は考えられないと否定しています）。青蓮院で慈円を戒師として範宴が得度したと記している『御伝鈔』に多くの研究者が疑問をなげかけているのですが、かたや『御伝鈔』の内容を事実と認める

べきだという意見も根強くあります。不思議なことにこの問題は検証されず、『御伝鈔』の記述がそのまま伝承され続けています。青蓮院門跡の尊円親王が編纂した『門葉記』（『大正新修大蔵経』図像部十一～十二）に目を通すと、青蓮院門徒であった実弟・尋有の名前が十七回でています。ところが、『親鸞聖人正統伝』に、青蓮院で得度した翌年に慈円に伴われて比叡山にのぼって修学したと伝えていますが、『門葉記』には範宴（親鸞）の名前は一度もでてきません。また親鸞の著書や手紙に慈円の名前が一度もでてきません。それでも、慈円と範宴の子弟関係を無理に結びつけているような状況が現在も続いています。やはり慈円と親鸞は関係がなかったと理解したほうがすっきりとするのですが……。範宴が得度した時期は不明ですが（※範宴が得度した時の慈円の年齢を考えると、治承五年の九歳の春ではないはずです。範宴が何歳で得度したのか、いつか検証をしてくれる人がでてくるでしょう。九歳という年齢は『御伝鈔』だけが伝えているだけです）、範宴の出家の理由を推測した説があります。たとえば東洋大学の藤原猶雪は『真宗史研究』（昭和十四年、一九三九年）で、宗業・範綱の母が源義家の曽孫であったことを発見して、そこから源頼政の挙兵失敗によって父の有範が籠居を余儀なくされたことに注目しました。そこで、おそらくこれが出家の原因であったのでなかろうかという推測をしています。京都大学の赤松俊秀は『親鸞』（昭和三十六年、一九六一年）に、出家の原因として東大寺大仏の焼き討ちをあげて、平家の暴行に刺激されて厭世的になり、出家という道を選んだのではないかという推測をしています。ただ比叡山での範宴に順調な未来が約束されていたわけではありません。山上の範宴を待ちかまえていたのは苦難の道であったはずです。伯父の宗業のように学才を頼りに立身するか、範綱のように院や門跡に忠義をちかい出世をするか、二つの選択肢がありました。しかし、このどちらの道も選ばずに、第三の道を歩みました。範宴の家柄は比叡山での出世が困難であったことと、比叡山からの下山の理由はまったく無関係だったはずです。

ところで、慈円と範宴の関係について、さらに驚くべき事実が承元の法難（※どうして、浄土真宗で承元の法難と言うのでしょうか。それは、『教行信証』後序に「承元丁卯の歳、仲春上旬の候」とあるからです。これは明らかに建永の誤記です）の後始末に隠れています。親鸞は承元の法難の顛末について、どこにもふれていません。ところが、根拠となった史料が不明なのですが、覚如の『拾遺古徳伝絵詞』と『歎異抄』奥書にその顛末が記されています。この法難で法然の弟子四名が死刑になり、八名が流罪に処罰されたとあります。ところが幸西と証空は、弟子でないのに慈円が身元引受人となったので流罪から免れました。しかし、『御伝鈔』の通り慈円の弟子であれば善信（親鸞）も慈円の身元引受によって流罪から免れていたはずです。ところが流罪になりました。

範宴が出家したと伝承されている治承五年の前年に、道快（慈円）は社会の喧騒をはなれて京都西山の善峯寺（よしみねでら）に籠居（ろうきょ）しました。そして、治承五年（一一八一）の二月十七日に、師の覚快の病気を見舞うために、一時的に籠居を中断して京都に出かけています。ついで六月十八日は参籠のために近江の葛川（かつらがわ）の明王院に行き、七日間の断食の苦行をはじめました。ところが、『御伝鈔』はこの年の春に範宴が出家したと伝えているのです。治承五年の春の慈円は道快法眼と名のっており、まだ伝法灌頂（でんぽうかんじょう）を受けていない僧侶でした。未入壇の密教僧の道快が、はたして弟子をとったりすることができたのでしょうか。道快法眼が慈円と改名したのは治承五年冬の十一月で、この年に慈円は法印になっています。青蓮院は楞厳三昧院と無動寺を中核とする門跡寺院ですが、治承五年（養和元年）十一月に覚快が死去すると、慈円は楞厳三昧院を相続し、無動寺検校の職は覚快の兄弟子の実寛が相続しました。ほどない寿永元年（一一八二）七月に実寛が亡くなったので、慈円は無動寺を相続し、その年の十二月に伝法灌頂を受けています。

私が範宴と慈円の関係に疑問をもったのは、研修会で治承五年春に青蓮坊（のちの青蓮院）が粟田口でなく、比叡山上にあったことを知ったからです。そこで青蓮院の歴史を記している『門葉記』（寺領目録、奈良国立博物館蔵）に目を通してみました。これによると仁平三年（一一五三）に鳥羽法皇が粟田口に金剛勝院を建立しています。ここは三条白川房とよばれていたと伝えられています。青蓮院は最澄が比叡山東塔の南谷に建立した青蓮坊が起源です。円仁、安恵、相応などの住居で、東塔の主流をなしていた坊舎でした。比叡山から京都市内に移ったのは平安時代の末期で、青蓮坊第十二代行玄（藤原師実（もろざね）の子）の時です。久安六年（一一五〇）に鳥羽上皇と皇后美幅門院が行玄に帰依して、青蓮坊を祈願所としました。そして鳥羽上皇は第七皇子の覚快法親王を行玄の弟子として入寺させました。これ以降の青蓮坊は皇族や摂家の子弟が門主をつとめる寺院になってきました。

そして、平安時代末期に青蓮坊は青蓮院と改称して門跡寺院になり、法皇の御所に準じて三条白川に伽藍が建立され、行玄が青蓮院の初代世門主になりました。とはいえ、青蓮院はそのまま山上に残されて室町時代まで寺籍は山上に保たれていました。比叡山から京都市内へ移転した当初は、現在地のやや北西にあたる三条白川の地でした。が、河川の氾濫を避けて鎌倉時代に高台の現在地へと移っています。ここはもと十楽院という寺があった場所です。青蓮院の南東にある花園天皇陵は十楽院上陵（じゅうらくいんうえのみささぎ）と呼ばれています。行玄の没後は行玄の庇護者であった鳥羽法皇の皇子・覚快が青蓮院第二世門主となりました。後にこの覚快の後継問題で一悶着が起っています。それは九条兼実が実弟（※『御伝鈔』は長兄と誤記）の慈円に青蓮院門跡の地位を譲るようと覚快に圧力をかけたからです。しかし、覚快は他の弟子へ継承を考えていたので、この横やりに反発をしています。更に行玄から覚快への継承に不満をもっていた覚快の兄弟子の実寛が、自分が継承すべきだと青蓮院後継を求める騒動がありました。このように後継者選びが難航したのですが、どうにか慈円が青蓮院三世門主に就任をしました。慈円が門主になってから青蓮院は大きく発展をしました。一二二〇年代までに梶井門跡（現・三千院）・妙法院（三十三間堂）とならぶ門跡の地位が確立されました。そうですから宝治二年（一二四八）閏十二月二十九日の後嵯峨上皇の院宣に、初めて青蓮院門跡の呼称がでています。

ところで慈円は三十八歳の建久三年（一一九二）に天台座主（ざす）に就任し、同時に第三世青蓮院門主に就任しました。範宴が得度したという治承五年春から建久三年までに、十一年の歳月が流れています。この二年後の建久五年に比叡山の青蓮院が焼失したのですが、後に再建されました。元久二年（一二〇五）に後鳥羽上皇が白河（三条白川房の地）に最勝四天王院を建立すると聞いて、慈円は覚快から相続していた土地を寄進しました。そして建保七年（一二一九）に源実朝が暗殺される事件がありました。最勝四天王院は後鳥羽上皇の呪詛が成就して穢れがあるとして破却されました。そこで慈円に三条白川房の土地が返還されました。これが現在地の青蓮院の一部となっています。（※因みに慈円が青蓮院門跡に就任した建久三年の範宴（親鸞）は十九歳、最勝四天王院が建った元久二年の善信（親鸞）は三十三歳、三条白川房に土地返還があった建保七年の親鸞は四十七歳です）。延慶四年（一三一一）十月に比叡山の青蓮院本坊は、東山大谷の青蓮院院家の十楽院に移されました。後に白川房と十楽院が青蓮院に合併しています。範宴が得度したと伝承される治承五年の春には、青蓮坊（のちに青蓮院と改称）は比叡山にあり、現在の東山粟田口にありませんでした。赤松俊秀の『親鸞』によると、「早くから覚快から相続していたという土地が、のちに現在の青蓮院の一部になった」といわれる事情から、慈円の白川坊で得度がされたのかもしれません。

「御絵伝」の第一幅第一図（『御伝鈔』上巻第一段）は得度をするために訪れた慈円の坊舎の外と中の様子、第二図は慈円との面会と得度の様子が描かれています。ところが治承五年の春には青蓮院の前身の青蓮坊が現在地にまだ存在していません。「御絵伝」第一幅第二図の左半図は慈円と範宴の面会、右半図は得度の様子なのですが、「この慈円は何歳なのでしょうか。また、ここの房舎はどこにあったのでしょうか」と疑問がわいてきます。治承五年の春ならば、青蓮院は市中にまだ存在していませんし、慈円はまだ青蓮院の門跡に就任していません。治承五年春の慈円（※この時は道快法眼）は二十七歳で、法性寺の座主でしたが未入壇の法眼でした。こういう状況下で、治承五年の春に得度をしたという話には無理があります。そうですから、私は得度場所を青蓮院と断定する教え方をしないほうがいいと思っています。慈円と範宴をめぐる問題点に気づいた研究者はもちろんいたはずです。たとえば赤松俊秀は『親鸞』で、親鸞の慈円入室の時期をずらして、この矛盾を解消しようと試みています。『親鸞』で、

親鸞出家当時の青蓮坊は比叡山にあったし、その時の房主は慈円の師の覚快であり、『玉葉』によると慈円がそれを相続したのは二年後の寿永二年（一一八三）七月であるとあります。のちに青蓮院本坊の一部になった白川房が早くから慈円の

坊舎になっていたので、そこで出家をしたのではないか。

と推測をしています。範宴が九歳の春の時に慈円入室したというのには無理があるので、「九歳の春」という『御伝鈔』の記述を誤記とみなしています。そしてもう少し後に入室したと辻褄をあわせているのですが、ここまで無理をしても問題が残ります。また、赤松以前に藤原猶雪は『真宗史研究』（昭和十四年）で、九歳春に慈円入室したというのは無理があると考えて、九歳冬の入室説を提起しています。これも当時の慈円の年齢とか立場から考えればやはり問題があります。私は学生時代に教えられた「のちに青蓮院本坊の一部になった白川房が、早くから慈円の坊舎（※後代に房舎の一部が青蓮院に重なっているので、青蓮院で得度したと言っても過言ではないのでないかと、赤松俊秀の『親鸞』同様に、平松令三は『親鸞聖人絵伝』で述べています）になっていたので、そこで得度をしたのではないか」という赤松・平松説を信じていました。ところが、近年の研究から赤松俊秀が指摘した「覚快から慈円に譲られていたという事実はないことが判明している」と、平雅行が『歴史のなかに見る親鸞』のなかで述べています。どうやら治承五年の春のときに白川房を道快（のちの慈円）が所有していたという事実もなさそうです。どこまでも治承五年の春にこだわり、青蓮院で慈円の戒師による得度をしたという『御伝鈔』の縛りからぬけだせない人がいます。そうならば、この状況からして範宴の得度は法性寺座主房、あるいは西山の善峯寺の住房でなされたということになってきます。が、こんなことはとても考えられません。ともあれ『御伝鈔』は「慈円の貴坊」と記述しているだけです。

中澤見明は、

当時慈円を門人としたり、或は戒師であったと云ふことは一の名誉と思はれて居たやうである。

と言い、平松令三は『親鸞』のなかで、

親鸞が、この天台座主四度という当代切っての大立者の弟子であったという伝承は、親鸞に対するカリスマ的尊崇による願望のなせるわざではないか、と思われてならない。

とつぶやいています。これは中澤見明や平松令三がいうように、当時の仏教界を代表する慈円と範宴が子弟関係になったということは、多くの教団人が抱き続けていた夢（希望）であったのでしょうか。それゆえに歴史的事実の検証が無意識にスルーされてきたのでしょうか。不思議な伝承です。

比叡山時代（霧につつまれた時代）

範宴は比叡山で二十年修行したと伝承されているのですが（※このことを証明する史料がないので、二十年の修行という年数は不確かです）、その実態はまったくわかっていません。具体的に誰について学び、どこで修行していたのかが不明なのです。範宴が比叡山でどのような修行をしていたかは具体的に何もわかっていません。『教行信証』は徹底した文献の収集がされていますが、これは顕密仏教の伝統を踏まえている学問の手法によって著された書物です。範宴は比叡山のどこかで、誰かについて、顕密仏教の最先端の学問を学んだにちがいありません。この学問の手法を誰から学んだのでしょうか。比叡山の横川（よかわ）で修行していたという伝承が有力なのですが、東塔無動寺谷の大乗院で修行していたという伝承も残っています。比叡山でどのように過ごしていたのか、著書や手紙の中に一言もふれていません。範宴が比叡山の何処で、どのように過ごしていたのかまったく不明です。それで『御伝鈔』に比叡山時代の記述がなく、「御絵伝」に比叡山時代が一切描かれていません。大正十年（一九二一）に発見された「恵信尼消息」十通の手紙第一通の中に、

この文ぞ、殿の比叡の山に堂僧つとめておはしましけるが、山を出でて、六角堂に百日籠らせたまひて、後世のこといのりまうさせたまひける九十五日のあか月の御示現の文なり。

とあるのが、範宴（親鸞）の比叡山時代が知れる唯一の手掛かりです。

比叡山でどのように過ごしていたかを知りたいのですが史料がありません。『御伝鈔』の記述を引きずっているのでしょうか。慈円を師として学んだという伝承がありますのでしょうか。それならば、どんな経緯から慈円と師弟関係ができたのでしょうか。先に述べたように、範宴の得度に慈円との接点が考えられないのですから、比叡山で範宴と慈円の師弟関係が結ばれていたかどうかは疑問です。しかし、何度もいいますが、親鸞は著書や手紙に慈円の名前を一度も書いていません。さらに恵信尼の手紙も慈円の名

前が一度も出てきません。こうなれば慈円と範宴の人生が交錯したことは一度もなかったとみたほうが自然です。真宗信者は『御伝鈔』の記述を信じて、昔から今まで捨てきれない夢として慈円と範宴の子弟関係を伝承しているのかもしれません。名前は不明ですが、範宴は比叡山の碩学に師事して最先端の学問の手法を身につけていきます。

ともあれ、いつ頃からか不明ですが、範宴は比叡山の堂僧として過ごしていたのは、「恵信尼消息」から間違いないでしょう（※堂僧となったのが最初からなのか、途中からなのかその経緯が不明です）。比叡山で何かの因縁に恵まれて慈円と師弟関係が結ばれて、堂僧として修行をしていたのでしょうか。比叡山上の範宴と慈円の接点を示す史料はありません。比叡山で慈円と師弟関係が結ばれたならば、おそらく慈円が住んでいた横川首楞厳院で修行していたのでないかと推測されます。『御伝鈔』上巻第一段に、

ところなへに楞厳横川の余流を湛へて、ふかく四教円融の義にあきらかなり。

と伝えていますが、ここの記述が簡単すぎて、誰の指導でどのような修行していたか

具体的に知ることができません。親鸞没後から四五五年の享保二年（一七一七）に、良空が著した『高田開山親鸞聖人正統伝』（『新編真宗全書』史伝編五）に、

十歳・正月十七日、門主慈円僧正勅命によりて叡峰に登り、一七日天下静謐御祈りのことあり、今日すなわち範宴御同道にて、東塔無動寺大乗院に登り、四教義を読みはじめたまう。

と、範宴の得度からの様子を記しています。得度した翌年に慈円に従い比叡山に登り、東塔無動寺大乗院で四教義を学んでいたと伝えていますが、史料が存在していないので、これを鵜呑みすることができません。ところが、大乗院で修行したと、現在でもまことしやかに囁やかれているのはどういうことでしょうか。とても信じられないことです。無動寺大乗院は貞観七年（八六五）に相応が不動明王信仰を広めるために開いた寺ということを知って言っているのでしょうか。また大乗院が千日回峰行の本拠地だと知っているのでしょうか。親鸞はどこにも密教修法や回峰行についてふれていません。東塔大乗院で修行していたという伝承は、親鸞の思想から考えられないこと

です。

「恵信尼消息」が発見されて以来、範宴は比叡山で堂僧生活をしていたというのが今日の常識になっています。大正十年（一九二一）に恵信尼の手紙を発見した鷲尾教導は、範宴の比叡山時代の生活をあらわしている「たうそう」を、『恵信尼文書の研究』（大正十二年）で堂衆であると解釈をしました。当時の比叡山は下働きの山徒と堂衆・堂僧・学生・僧綱、その上に座主という組織から成り立っていました。鷲尾教導は手紙の「たうそう」を堂衆と読みとったのです。ところが、山田文昭が『親鸞とその教団』（昭和二十三年）で、「たうそう」は堂衆でなく堂僧であろうと推測をしました。赤松俊秀がこれを全面的に支持したので、「たうそう」は堂僧だと認知されだしました。堂僧として修得した学問の手法（字訓釈など）が、後に『教行信証』を著作するのに役立ったにちがいないと言っています。山田文昭は範宴の修行は常行三昧堂でお堂を守り、不断念仏を行じる僧侶であるとみたのです。この堂僧は学生より身分は低いが堂衆より高い地位であるといわれています。

この不断念仏の修行は慈覚大師円仁が中国から伝えた常行三昧の変形です。常行三昧は堂内の阿弥陀仏像の周囲を、口に阿弥陀仏を念じて九十日間歩き巡る行で、三昧は心を集中して乱さない修行です。円仁が唐の五台山の念仏三昧の法を伝えて以来、この常行三昧行は最澄のはじめた法華三昧とならぶ天台の行法となっています。山の念仏は横川の源信に受け継がれて広まりました。横川には首楞厳院があり、ここが念仏の道場となりました。首楞厳院で修行をしている僧侶が堂僧なのですが、その地位は学生に近いというよりは、むしろ堂衆の一形態だと指摘をする学者がいます。常行三昧の三昧は心を集中して心を乱さぬことで、心がその状態になれば正しい智慧が生じて悟りがえられると言われます。比叡山は常行三昧のほかに、常坐三昧、半行半坐三昧、非行非坐三昧の三昧行を実践しています。これらの修行を日課にしている堂僧は、念仏や観仏を通して三昧の境地にいたる持戒堅固の僧侶です。範宴（親鸞）もこのグループの中で修行していたのでしょうか。そうであるならば、そこで基本的な常行三昧行を励むと同時に、止観（しかん）と遮那（しゃな）の二行にもはげんでいたはずです。

さて範宴が常行三昧の堂僧だったならば、比叡山のどこの三昧堂で修行していたのでしょうか。この頃の比叡山には、⑴東塔の常行三昧院（般舟三昧院）、⑵西塔の常行堂（弁慶の荷い堂）、⑶横川の楞厳三昧院に常行三昧堂が三ケ所ありました。現存は西塔の常行堂だけです。慈円が横川の首楞厳院の検校になっていたので、もしも慈円と範宴に師弟関係が結ばれていたと推測すれば、横川の首楞厳院で修行したのでないかと思います。

ここでどうして比叡山を下山したのか考えてみます。下山の理由を推測した諸説があるのですが、特定ができていません。私は学生時代に六角堂夢想の「行者宿報偈」（女犯偈）が契機となって、源空を訪ねて門下になり念仏の教えを学ぶようになったと教えられています。でも、この六角堂夢想が、「どうして念仏の教えを聞く契機となるのだろうか」と、ずっと疑問をもっていました。六角堂でみた夢想は、「恵信尼消息」第一通に、「九十五日のあか月、聖徳太子の文を結びて、示現にあづからせたまひて候ければ」と書かれています。ここを研究者がいろんな角度から解釈をしてきました。

恵信尼はこれに追而書（おってがき）で補足しているので、それとつき合わせて考えねばなりません。それは、一通目末尾の、

この文ぞ、殿の比叡の山に堂僧つとめおはしましけるが、山を出で丶、六角堂に百日籠らせたまひて、後世のことといのりまうさせたまひける九十五日のあか月の御示現の文なり。御覧候へとて、書きしるしてまゐらせ候

という文です。この追而書によると、恵信尼は六角堂で示現した文を別紙に書き記して、手紙に添えて送ったらしいのですが、その別紙は失われて断片すら伝わっていません。範宴（親鸞）は六角堂夢想の示現がきっかけとなり、比叡山をおりて法然の弟子入りをしたと教えられています。この手紙で問題になったのが、六角堂夢想は誰が示現したのかということです。文中の「聖徳太子の文を結びて、示現にあずからせたまひて」の文は、

(1)聖徳太子が文を結んで示現した。
(2)なにものかが聖徳太子の文を結んで現われた

という二通りに解釈ができます。誰が示現の文を結んだかについて、宗門の名だたる研究者が模索しましたが、袋小路には入りこんだように行き詰まりました。行き詰まりが続いている時、昭和三十六年に赤松俊秀が『親鸞』を著し、「もうあと五日で満願という九十五日の暁に、聖徳太子が偈を作って姿を現した」という見解を述べました。それからこの赤松説が通説となっています。しかし、『御伝鈔』は上巻第二段に吉水入室を説き、続いて第三段に六角堂夢想を説いている構成となっています。しかも、六角堂の夢想は「観音がその偈文を一切群生に説いて聞かすべし」、「これが真宗繁盛の予言」というものです。それでは「行者宿報偈」（女犯偈）は範宴の吉水入室の契機でなく、真宗繁盛の予言をしていることになります。これでは従来の「行者宿報偈」（女犯偈）は吉水入室の契機となったという説明と矛盾してきます。この矛盾を説明しなければ、どうして範宴が吉水に入室したのかが納得できません。ただ言えることは、この手紙の時点で範宴は比叡山と訣別する決断をしていたと知ることができます。

それではどうして比叡山の修行を見限ったのでしょうか。その理由を宮崎円遵は「親鸞聖人伝素描」（『親鸞の研究』）に比叡山上の僧侶の腐敗堕落の様子をあげています。これをうけて『本願寺史』は、

叡山は次第に開祖の精神を見失って、世俗化し門閥化し……真実に仏道を求めるものは、遁世と称して、かえって山を下るほかはなかった。

と、世俗化・門閥化していた比叡山から下山する決断をしたと結論をだしています。これに対して、親鸞は比叡山への不満から下山する決断をしたのではないという新しい見解が出てきました。それは赤松俊秀の『親鸞』の意見です。赤松俊秀は六角堂の夢想を分析して、範宴が比叡山を下山したのは性の問題にあったと捉えました。しかし、この大胆な推測は感情的な反発が強くて、当初は好意をもって迎えられませんでした。が、多くの学者の共感を次第にえるようになってきています。とりわけ松野純孝は『親鸞　その行動と思想』で、この赤松説を全面的な支持をしています。存覚の『嘆徳文』は範宴の心情を想像して、

> 定水(じょうすい)をこらすといへども識浪(しきろう)しきりに動き、心月(しんげつ)を観ずといへども妄雲なをおほふ。

と述べています。「いくら修行しても煩悩が消えない自分を自覚した範宴（親鸞）は、新天地を求めて、長年修行した比叡山をおりる決断をしたのではないか」という心の葛藤を推測している赤松説に、私は素直に同調していました。この下山の理由について、近年に毛利勝典が『印度学佛教学研究』三十八巻二号（一九九〇年）に、「真宗に於ける感性の意味として、比叡山下山の理由と「女犯偈」」の論究を述べています。また、前田惠學が『同朋大学佛教文化研究紀要』二十七号（二〇〇七年）に、「後世の助からんがため」に比叡山から下山したと結論をだしています。ところが平成十一年（二〇一一）に、平雅行が『歴史のなかに見る親鸞』で、

> 赤松俊秀氏が『親鸞』を書かれたころは、顕密僧の妻帯の実態が明らかになっていませんでした。赤松さんがそういう解釈をされたのにも、無理からぬものがあります。でも、中世の顕密僧が妻帯していたというのは、今では研究者の間では

常識に属することです。それだけに、親鸞が公然と妻帯したのは革命的だ、などといった話を、いまだに公言している歴史研究者がいるのは、とても残念です。……………それでは親鸞はなぜ延暦寺を下りたのでしょうか。赤松俊秀氏は、行者宿報偈の中身を、妻帯の許可と解して、親鸞の悩みを性欲の悩みと考えました。私は赤松さんの主張には、問題が二つあると思います。一つは妻帯の一般化です。もう一つの問題は行者宿報偈の理解です。行者宿報偈ははたして妻帯を許可したものでしょうか。行者宿報偈を理解するうえで、欠かすことのできない史料が『覚禅鈔』の如意輪観音の記事です（※このことは拙著『「御絵伝」の絵解き』三十三～三十四頁にふれています）。……………『覚禅鈔』の話をもとにして、行者宿報偈ができあがっているのです。……………行者宿報偈では、救世観音はこの誓願を一切衆生に説き聞かせるよう、親鸞に命じています。また、親鸞もその伝道に生きようと決意しています。でも、この行者宿報偈の内容が妻帯の許可であったのであれば、そんな話を布教することに何の意味があるのでしょうか。……親鸞はなぜ、如意輪観音の話を知った時でなく、行者宿報偈を得たときに延暦寺を飛び出したのか。それを理解するには、二つの話の相違点に着目しないといけない。違いが分かってはじめて、この問いに応えることができるのであり、行者宿報偈の中身を正確に理解することができるのだろうと思います。ではどういう違いがあるのでしょうか。如意輪観音の話では淫欲熾盛（しじょう）や邪見の心が原因で女犯妻帯に至るとされています。抑えようと思えば抑えられるのですが意志が弱いためにそれができない。こういう意志薄弱な男に対し、妻帯を許可するというのが『覚禅鈔』の話です。ところが、行者宿報偈のなかでは女犯は宿報とされています。……その結果、意志薄弱な男に対する女犯の許可という如意輪観音の話は、普遍的人間における罪の救済のドラマへと昇華されました。行者宿報偈は女犯の許可ではありません。あらゆる人間が背負う普遍的で絶対的な罪業への赦しの世界、これが親鸞を法然のもとへと衝き動かしたのです。

という見解を発表しています。当時の顕密仏教界の事情を熟知しているこの推測に、私のなかのモヤモヤが吹き飛ばされました。範宴が影響をうけたと思える覚禅の『覚禅鈔』（『大日本仏教全書』四十七）の一文を紹介しておきます。

> 邪見の心を発して、淫欲熾盛にして、世に堕落すべきに、如意輪、われ王の玉女となりて、その人の親しき妻妾として、共に愛を生じ、一期生の間、荘厳するに福貴をもつてし、無辺の善事を造らしめ、西方極楽浄土に仏道を成ぜしめん、疑いを成ずることなかれ。（※原文は漢文ですが、書き下しました）

というものです。この『覚禅鈔』の一文を発見した大谷大学の名畑崇は、昭和三十八年（一九六三）に「親鸞の六角夢想の偈について」（『真宗研究』八）を真宗連合学会で発表しました。この一文は六角堂の夢想と酷似しています。おそらくはこの『覚禅鈔』が与えたであろう範宴への影響を研究する人がでてきて、点と点を結んで範宴（親鸞）の行動をあきらかにした発表がでてくるのを楽しみにしています。私は『覚禅鈔』と「行者宿報偈」の違いから、範宴の行動を推測している平雅行説に説得力があると思い支持しています。そんな理由から、平雅行説と先の宮崎圓遵説とあわせると、比叡山を下山した理由がほぼ把握できるのではないかと思います。さらに言及すると、「下山を決意した範宴が、どうして源空の存在を知り、どうして源空のもとに行くようになったのか、さらに誰に導かれて源空を尋ねたのか」等々の疑問があるのですが、その答えが未だにみえていません。

「恵信尼消息」第一通にある、

ただ後世のことは、よき人にもあしきにも、おなじやうに、生死出づべき道をば、ただ一すぢに仰せられ候ひしを、うけたまはりさだめて候ひしかば、上人のわたらせたまはんところには、人はいかにも申せ、たとひ悪道にわたらせたまふべしと申すとも、世々生々にも迷ひければこそありけめ、とまで思ひまゐらする身なればと、やうやうに人の申し候ひしときも仰せ候ひしなり、

という言葉に、範宴が法然に教え求めた答えがあるような気がしています。恵信尼が聞いたというこの言葉から、親鸞は持戒を捨てるとか、女犯妻帯をするという苦悩から救われたいという姿はまったくみえません。むしろ善人・悪人のいずれであっても、

生死を離れて浄土に往生できるという源空が説いている専修念仏の教えに、長い間求めていた答えを見つけ安堵したのでないでしょうか。それで源空（法然）の教えを乞う行動に移ったのではないだろうかと推測をします。つまりが往生成仏できないとされている悪人であっても、生死を離れて浄土に往生できると説いている源空に導かれたのでないでしょうか。吉水時代に修学した『観無量寿経集註』『阿弥陀経集註』が残っていますが、入門の動機はまだ明らかになっていません。

ところで、範宴は比叡山を下山してすぐに法然門下に入ったといわれています。その時の様子は『御伝鈔』上巻第二段の吉水入室です。「御絵伝」第一幅・第三図に比叡山を下山した範宴が源空（法然）に弟子入りを乞うている場面が描かれています。私はいつもこの絵図に違和感を感じています。毎年の報恩講に四幅の御絵伝を奉懸していますが、私はここを拝見してモヤモヤしたものを感じています。これは私だけが感じている違和感なのでしょうか。この場面はまるで高僧が源空を訪問しているように感じられるからです。範宴が乗って来た輿（こし）は前後が唐破風様で四方に簾を吊っている四方輿で格式の高い輿で、僧綱姿の直綴風（じきとつふう）の白衣と白い五条袈裟の姿です。このような風采と態度で、源空に弟子入りを乞うていたのだろうかと疑念がわいてきます。この絵図からは源空に弟子入りを乞うている雰囲気がまったく感じられないのです。まるで高僧の範宴が源空を訪ねているように感じるのは私だけでしょうか。範宴が高い地位にあったと信じている覚如が、絵師にこのように描かせたのでしょうが、ことさら比叡山での範宴を高い地位の人と思わせなくてもいいと思うのですが。ここまでくると先の村田勤が体験したような、どうしようもないため息が出てきます。

江戸時代になると、「朝廷に仕へて霜雪をも戴き、射山（やさん）にわしりて栄華をもひらくべかりし人なれども」（『御伝鈔』上巻第一段）としての親鸞の立場がエスカレートしてきます。『高田開山親鸞聖人正統伝』に、二十五歳の範宴が建久八年六月に少僧都に任ぜられ、西塔常行堂のすぐ前にあったという聖光院門跡になったことを伝えています。これを玄智が検証をしないで『大谷本願寺通紀』が伝えているのが不思議です。しかし、どこを調べてもこんな事実は見つかりません。ここまでくると、親鸞の高貴性を信じている浄土真宗信者の気持ちに便乗した誇張としかいいようがありません。

名号本尊

親鸞が名号を本尊とする信仰を、仏教史上初めて考案したといわれています。『蓮如上人御一代記聞書』六十九条に、

他流には名号よりは絵像、絵像よりは木像といふなり。当流には、木像よりは絵像、絵像よりは名号といふなり。

という蓮如の言葉があります。この言葉を通して、名号本尊を依用した親鸞の御心が伝ってきます。仏教において礼拝の本尊は、仏や菩薩の形像が普通です。親鸞は名号本尊を依用するといっても、今までの木像本尊の礼拝を否定したのではありません。例えば下野(しもつけ)高田の如来堂(専修寺)の本尊は、信濃の善光寺から勧請したと伝えられている一光三尊の阿弥陀如来像です。この如来堂に立ち寄ったときに、親鸞は阿弥陀如来像を礼拝しています。今までの本尊をすべて名号本尊に改めたということはあり

ません。名号本尊を自身が礼拝し、門弟から本尊の授与を望まれたときに名号本尊を授与したといわれます。南無阿弥陀仏の六字名号本尊、帰命尽十方無碍光如来の十字名号本尊、南無不可思議光仏の八字名号本尊を依用して親鸞は信仰をしています。親鸞が真筆の名号本尊として、

(1)　帰命尽十方無碍光如来の十字名号が高田派専修寺に三幅

①　八十三歳頃の真筆（黄地に名号の籠文字、讃銘は親鸞）

②　八十三歳頃の真筆（紺地に名号の籠文字、讃銘は親鸞）

③　康元元年十月二十五日の日付で八十三歳頃の真筆（白地に名号、讃銘は親鸞）

(2)　南無尽十方無碍光如来の十字名号が高田派専修寺に一幅（白地に名号、讃銘はなし）

(3)　帰命尽無碍光如来の十字名号が、愛知県妙源寺に一幅。康元元年十月二十八の日付で八十四歳の頃の真筆（白地に名号、讃銘はなし）

(4)　南無不可思議光仏の八字名号が高田派専修寺に一幅。康元元年十月二十五日の日付で八十四歳頃の真筆（白地に名号、讃銘は親鸞）

(5) 南無阿弥陀仏の六字名号が本願寺に一幅。康元元年十月二十八日の日付で、八十四歳の真筆（白地名号と讃銘は親鸞）

の七幅が伝わっています。これらは阿弥陀仏の尊号で、敬信の対象として拝んだものです。現存の名号本尊は親鸞が八十歳を過ぎたものですが、いつごろから名号本尊を用いるようになったのかを推測するのは難しいといわれています。（※近年、浄土真宗本願寺派『伝道』九十七号（二〇二二年）に、岡村喜史が「親鸞聖人の名号本尊について」の論文を発表しています。簡潔でありながら多く教えられました。）ただ十字名号と八字名号は親鸞独自のもので、ほかの人が使っている例は見られません。ちなみに十字名号は『浄土論』に、八字名号は『讃阿弥陀仏偈』にでている文です。

ここで親鸞が名号をなぜ本尊に依用したのかを考えてみたいと思います。『往生要集』に阿弥陀如来の来迎を説いていますが、その影響から来迎思想が盛んになったといわれています。源信の時代の阿弥陀如来像は坐像が多いのですが、法然・親鸞の時代になると立像の来迎仏像が多くなっています。しかし、親鸞は来迎思想を否定して

いるので、臨終に阿弥陀如来の来迎を待つことを説いていません。その考えは「親鸞聖人御消息」の第一通に、

来迎は諸行往生にあり、自力の行者なるがゆゑに。臨終といふことは、諸行往生のひとにいふべし、いまだ真実の信心をえざるがゆゑなり。また十悪・五逆の罪人のはじめて善智識にあうて、すすめらるるときにいふことなり。真実信心の行人は、摂取不者のゆゑに正定聚の位に住す。このゆゑに臨終まつことなし。信心の定まるとき往生また定まる也。来迎の儀則をまたず。

という文からして来迎思想をあきらかに否定している考えです。この考えを不来迎とか平生業成（へいぜいごうじょう）といいます。不来迎の考えは来迎仏の礼拝を否定する考えで、それは形像を礼拝する行為を、浄土往生を願う観仏をしている自力の行とみるからです。親鸞の信仰は形や色にとらわれない生き方です。そこで阿弥陀如来を信知する名号そのものを礼拝の対象とするようになってきたといわれています。

ところで名号本尊の名号の上と下に、経典の文言（もんごん）を引用して讃銘に書き加えてい

ます。現存の八十四歳の名号本尊の讃銘を見ると、「第十一願の必至滅度の願文、第十二願の光明無量の願文、第十三願の寿命無量の願文、第十七願の諸仏称名の願文、第十八願の至心信楽の願文、そして重誓偈の文、『大経』下巻の釈尊の勧誡の文、願生偈の文」が書いてあります。これらの経文は名号を呪文と理解することを否定しているという意味があります。同時に名号の意義を示して、親鸞が信仰していた浄土真宗を端的に示しています。ここに当時の世相をよみとると、親鸞がどうして名号を本尊としているかという理由がわかります。当時は百万遍念仏とか融通念仏が広くおこなわれていました。念仏をたくさん称えると、その功徳で浄土に生まれることを願う百万遍の念仏が流行っていた時代です。また称えた念仏は互いに融通できるので、念仏をたくさん称えてその量を加算して、この功徳から浄土に往生できることを願っていたような時代でした。こんな風潮の中に生きていた親鸞は、念仏の正しい意味を理解してもらおうと、百万遍念仏や融通念仏の呪術性をとりのぞくために、名号に讃銘を加えたと推測されます。

親鸞の名号本尊の真筆は独特の風格のある文字で書かれています。十字名号の無碍光の無と、六字名号の南無の無の字は无の字です。これは籠文字の場合も同じです。蓮如は「南無の无の字は聖人の御流の義にかぎりてあそばしけり」（『空善記』）と言っています。ところが、歴史家が指摘しているのですが、鎌倉時代に六字名号に无の字を書いている例が他にあります。蓮如がこの无の字を浄土真宗の特徴だというのは、室町時代の他宗の名号本尊にたいして言われているのでしょうか。親鸞の書いた名号本尊には他に例がない表装様式です。それは経論釈を讃銘として、名号の上下に書き加えているからです。これが名号本尊の様式の特徴です。この経論釈を讃銘と言いますが、それは『尊号真像讃銘』に準じて讃銘と申しています。名号本尊の上下に讃銘を加える独自の表装様式は、宋代の例に倣ったものといわれています。すなわち宋の徽宗皇帝が蒐集した書画は、上下に小紙をつけて讃として題跋を書いて表装をしていました。親鸞の名号本尊はこの宋代の表装様式に倣っているように見えます。親鸞が宋代の表装様式にいつ頃にふれたのかは不明ですが、ともあれ宋の文化の影響をうけているのがわかります。この表装様式は日本に例がありません。名号の下に蓮台が描かれるのは、敬信礼拝の対象だからです。真筆の名号本尊のなかで、もっとも多いのが十字名号です。後世に多く写伝されているのが籠文字の十字名号です。本願寺に所蔵されている十字名号は、覚如が大谷廟堂に安置したものといわれています。上下の讃銘は覚如の筆で、名号は籠文字の十字で書かれています。下段の最後に「□禿親鸞敬信尊号」の八字が書かれてあります。

次に八字名号は南無不可思議仏の仏が如来に変わり、南無不可思議如来の九字名号として広く流布していきました。しかも籠文字の形は十字が固く直線的であるのにくらべて、八字や九字の名号は曲線的な円みのある籠文字です。

最後に六字名号は本願寺に一幅だけ現存してます。これを写伝したものは見当たりません。古い時代の六字名号本尊は知られていないので、鎌倉時代や室町時代の初期真宗教団は六字名号本尊を使っていなかったのでしょうか。しかし、六字名号は鎌倉時代末期から一般に広く流布しているようで、しかも礼拝の対象となっています。室町時代初頭の鎮西派の聖冏（しょうげい）は本尊としての六字名号を書いており、天台の真盛（しんぜい）も六字名号を多く残しています。蓮如は真盛と同時代の人ですが、蓮如は初期に金泥放光の十字名号を門末に下付していました。が、後半生は桁違いに多くの六字名号を書いています。その理由は蓮如が五十一歳の寛正六年（一四六五）正月に、比叡山徒が「十字名号を本尊とする本願寺を無碍光流の邪義」と貶称して、本願寺を破却するという事件があったからです。蓮如はそれ以後には十字名号を書くのを避けたといわれていま す。御文章に一貫している教えが六字釈と本願成就文であることを思えば、民衆に親しみやすい六字名号が多くなってきていることに頷きます。

余分ですが、親鸞独特の書風についてふれておきます。名号本尊や画像の讃銘は親鸞が八十三歳から八十四歳のものです。ここの筆致は宋代の黄庭堅（こうていけん）（山谷道人（さんこくどうじん））や蘇東坡（そとうば）の書風に通じているといわれています。このことに最初に注目をしたのは宮崎圓遵だと思います。『教行信証』や『三帖和讃』など多くの復刻本を拝見してみると、その筆致には宋代の独特の風格がみられます。

親鸞の妻・恵信尼㈠

『和語灯録』（『真宗聖教全書』四）の諸人伝説の詞の中に、

現世をすぐべき様は、念仏の申されん様にすぐべし。念仏のさまたげなりぬべくば、なになりともよろづをいとひすてゝ、これをとゞむべし。いはく、ひじりで申されずば、めをまうけて申すべし。妻をまうけて申されずば、ひじりにて申すべし。（意訳 この世で豊かに過ごすために、念仏のある生活をしてゆきなさい。念仏のさまたげとなるものは、すべて捨てるべきです。聖であって念仏ができなければ、妻帯をしながら念仏生活をしなさい。妻帯したために念仏ができないならば、聖になって念仏生活をしなさい）

という法然の法語があります。先にふれたように、「行者宿報偈」（女犯偈）が契機になって親鸞が結婚したか、あるいはこの法然の法話が結婚を考える契機になったのかどうかは不明です。恵信尼との結婚の時期について、流罪以前（古田武彦『わたしひとりの親鸞』、山本摂「恵信尼文書再読」『行信学報』十など）か、流罪以後（梅原真隆『御伝鈔の研究』、平雅行『歴史のなかに見る親鸞』など多くの研究者は承元の法難以後とみています）かの議論はあるのですが、まだ結論がみえていません。結論はでていないのですが、善信（親鸞）は法然門下時代に玉日と結婚していたという説が、いつも出てくるのでこれを少し整理しておきます。玉日は前関白の九条兼実の娘で、慈円の姪にあたる女性といわれていますが、親鸞の妻としてふってわいたようにでてきました。江戸時代に摂関家の娘・玉日との婚姻関係が言われだしてから、善信（親鸞）その人の貴族性がたかまり、存在と信仰の尊崇に一層の拍車がかけられてきたことは否めません。が、この女性との結婚について親鸞はどこにも語っておらず、『御伝鈔』を書いた覚如でさえ知りえなかったことです。結婚相手として九條兼実の娘・玉日がでてくるのは、親鸞没後から二百八十年経ってできた「大谷一流系図」や「尊卑分脈」です。そもそも親鸞の妻の名前は『御伝鈔』にでていません。ただ『口伝鈔』に「恵信御房男女六人の君達（きんだち）の御母儀（ごぼぎ）」「恵信御房の御夢想にいはく」「恵信御房の御文（おんふみ）」と恵信尼の名前が三か所でてくるだけです。『口伝鈔』は元弘元年（一三三一）に著されたものですが、ここには「大谷一流系図」や「尊卑分脈」の印信や九條兼実の娘の存在はでてきません。ところが『口伝鈔』の成立から二百年後につくられた「大谷一流系図」や「尊卑分脈」、『親鸞聖人御因縁』（『真宗史料集成』七）に、九條兼実の娘・玉日が親鸞の妻として突然でてきたのです。「どうして玉日が妻としてでてきたのか」について、それは他宗から問題視されていた親鸞の妻帯批判をかわす目的があったからだといわれています。ふってわいたように親鸞の妻として玉日が出現した背景には、九條家の姫と親鸞を関連づけて妻帯の正当化を図ったのではないだろうかというのが大方の意見です。恵信尼没後からおよそ二百八十年経ってから、実悟の「大谷一流系図」ができあがりました。この系図は『口伝鈔』や『親鸞聖人御因縁秘伝集』をふまえて六人の男女の前に、九條兼実の娘と印信が挿入されています。因みに『尊卑分脈』の中に「日野・本願寺系図」が組み入れられたのは、「大谷一流系図」がつくられた約十年後の天文二十一年（一五五二）頃だと言われます。平雅行が『歴史のなかに見る親鸞』の「第四章越後での生活　玉日伝説について」で、次の八の理由から親鸞と玉日の結婚はありえないと断定しています。

①親鸞の家柄と摂関家の結婚は当時の身分制からとても考えられない。

②親鸞が九條兼実の娘と結婚しておれば、証空や幸西のように承元の法難のときに流罪から免れたはず。

③『親鸞聖人御因縁』に親鸞が九歳で慈円のもとに入室したとあるが、親鸞が慈円の弟子ということは歴史的事実でない。

④『親鸞聖人御因縁』と『親鸞聖人正明伝』ともに、天台座主の慈円の使者として参内して、七歳の土御門天皇の命令で和歌を詠まされ、これが六角堂参籠と比叡山離山の直接のきっかけとなったとしている。慈円の天台座主は四回だが、親鸞の比叡山時代に座主になったのは初めの二回です。しかし、わずか七歳の天皇が詠進を命ずるはずがない。この二書は時の天皇を後鳥羽上皇と誤認しているのが決定的な誤りで、真偽を議論するレベルの史料ではない。

⑤『親鸞聖人御因縁』に九條兼実を「月輪ノ法皇」「円照」といい、親鸞は「慈鎮和尚

ノ門弟」と言っているが、兼実が出家したのは建仁元年十月から三カ月後で、慈円が慈鎮の勅諡号をもらうのは嘉禎三年三月である。この話の時点では九條兼実は出家していないし、慈円が慈鎮とよばれるようになるのはこの話から三十六年後のことである。

⑥『親鸞聖人御因縁』は慈円を「座主ノミヤ」とよび、九條兼実の発言を「勅定（ちょくてい）」とか「綸言（りんげん）」と言っているが、摂関家の者はこれらの語を使うことがない。

⑦『親鸞聖人御因縁』では日野範綱を「ワカサノ大臣」、日野有範を「有範卿」と言っているが、殿上人になれない若狭守を天皇が大臣と呼ぶことはありえない。五位の下級貴族に卿をつけることがない。作者はこの時代の朝廷の事情がまったくわかっていない。

⑧『歌人の範綱（西遊入道）』は日野範綱と同名異人である。この二人を同一人物と誤認するのはお粗末としかいいようがない。

と親鸞と玉日が結婚はありえないと否定しています。また平雅行は、玉日と親鸞の結婚を伝えている『親鸞聖人御因縁』と『親鸞聖人正明伝』の記述には誤りが多く、記述の内容に根拠がないと玉日の実在を否定しています。また、筑波大学の今井雅晴が『親鸞の妻　玉日は実在したか』（二〇一七年、平成二十九年）に、玉日について二つの視点から考察しています。まず、玉日に関する史料は鎌倉時代、その後の南北朝時代になく、室町時代の『親鸞聖人御因縁』と『親鸞聖人御因縁秘伝鈔』に初めてでてくる。しかし、この史料は信用することができるものでないと言っています。次に当時の社会背景や常識から考察をしています。九條兼実の娘は系譜をみると任子（にんし）のみですが、「もしも玉日が九條家の娘なら、自分の娘を天皇の后とすることに努力をし、皇子の誕生によって権力をものにしようとするはずです。もし兼実に任子以外の娘がいたならば間違いなく天皇のお后候補として育て、実際に後宮に入れたでしょう」と述べています。もしも玉日が実存していたとしても、当時の社会常識から考えると、無位無官の親鸞と九條兼実の娘が結婚することはありえない話だと断定をしています。「尊卑分脈」や『玉葉』には九條兼実に娘は一人しかのっていません。その娘は後鳥羽天皇の皇后となった宣秋門任子です。ただこの当時の系図では女子は省略されることが多くあったといいますから、他に娘があったのではないか、あるいは養女ではなかったのではないかということも言われています。

しかし、『親鸞聖人御因縁』と、『親鸞聖人正明伝』に記述する玉日は実在していたという研究がでてきました。佐々木正の『親鸞始記』(平成九年、一九九七年)に掲載の『親鸞聖人正明伝』を読んで、哲学者の梅原猛は何かを感じたのでしょうか。西山深草の『親鸞は源頼朝の甥　親鸞先妻・玉日実在説』(平成二十三年、二〇一一年)を参照にして、玉日伝説の伝承が残る寺院や遺跡をフィールドワークして検証しました。その結果、『親鸞「四つの謎」を解く』(平成二十九年)を書いて、親鸞の史実を少しでも解き明かそうとしています。また、山形大学の松尾剛次が『親鸞再考』(平成二十二年、二〇一〇年)で、「『親鸞聖人御因縁』や『親鸞聖人正明伝』など本願寺系統以外の親鸞伝と玉日姫の存在が、恵信尼の血筋を継ぐ本願寺によって不当に評価されている」と述べて、玉日姫の実在を認めています。さらに注目したいのは、平成二十五年二月二十一日の「中外日報」の論談に、京都市の西岸寺玉日姫御廟の修復に伴う発掘の意義を述べている記事です。私は玉日が実在したか否かについてはよくわかりません。玉日と親鸞の結婚の伝説は史実ではなく信憑性がないので、それがどのようなプロセスを経て形成されてきたのかを、今後検証することが必要な作業だと思っています。また、『知られざる親鸞』（二〇一二年、平成二十四年）で松尾剛次は平雅行を批判して、「親鸞の生涯の史料が少ないからこそ、疑わしい史料でも批判的な検討を行い、それを積極的に用いていくべきであるとし、平雅行の方法論は近年の歴史学的成果に逆行するものである」と述べています。僭越ですが、私はこの考えに賛同しかねます。この考えの是非は読者で判断してください。

『親鸞聖人御因縁』は鎌倉時代末から南北朝時代の成立といわれています。玉日の伝説は素材としては面白いのですが、それを歴史的な事実とするにはどうも無理があるようです。恵信尼没後から二百八十年を経た室町時代の享禄（きょうろく）四年（一五三二）に、実悟が「日野一流系図」を作りました。この系図は『口伝鈔』や『親鸞聖人御因縁』をふまえて作られています。ここに九條兼実の娘（玉日）を母とする範意の名前がでてきます。因みに『尊卑分脈』に「日野・本願寺系図」が組み入れられたのは、「日野一流系図」が作成されてから十年後の天文二十一年（一五五二）頃です。蓮如の孫の顕誓の『反古裏書』（『真宗聖教全書』三）に、

この覚信はすなはち御遺跡御相続の御子なり。御母は恵信御房月輪禅定殿下の御娘玉日と申せし貴女なり。

と記して、根拠がわからないままに玉日と恵信尼は同一人物だと断言しています。『反古裏書』は室町時代の永禄十一年（一五六八）の成立ですから、親鸞没後から三〇六年も経っています。また鎌倉時代末から室町時代の成立といわれる『親鸞聖人御因縁』の影響からか、特に関東地方では江戸時代になってから玉日は恵信尼だと信じられてくるようになってきました。茨城県結城市教育委員会が、

史跡　玉日姫の墓

結城の北に、玉日という地名が今も伝わります。この地名は、ここに眠ると伝わる玉日姫にちなんだものです。墓所に建つ碑は、浄土真宗の篤学の高僧・島地黙雷により綴られ、次のようなことが記されています。

玉日姫は、関白・九條兼実の七女として誕生し、浄土真宗の開祖・親鸞聖人の妻となりますが、越後に流された聖人が、赦されて関東に向かったとの知らせを聞いて、侍女の白河の局を伴い関東に下りました。玉日姫は、この地方一帯で布教を続ける聖人を助け、自らも剃髪します。やがて、聖人が京に戻ることになる際も、その教えを広めんがために結城に留まり、ここに草庵を結び生涯を送ったということです。

現存する、石の玉垣に囲まれた宝篋印塔は、近世になってから、江戸の講中（玉日講）により再建されたものです。

という島地黙雷の説明文をのせた案内掲示板をたてています。しかし、九條兼実の公私を記録している『玉葉』（一九〇六年〜七年、国立国会図書館デジタルコレクション）に娘は任子のみで、玉日の名前はどこにもありません。よって現在では九條兼実の娘は任子のみとされています。また茨城県結城の称名寺に玉日伝説が伝わっており、現在も丁寧な法要が営まれているようです。この玉日信仰は称名寺住職の信教が宝永八年（一七一一）三月に「玉日宮略縁起」を作り頒布したことから始まっています。宝永八年は親鸞聖人四百五十回大遠忌の年で、本山参拝だけでなく関東の旧跡寺院巡拝が盛りあがってきた時代です。宝永十年に『親鸞聖人御旧跡二十四輩記』を竹内寿庵が著していますが、そこに信教作の「玉日宮略縁起」全文が引用されていたようです。親鸞聖人四百五十回大遠忌法要でご旧跡寺院巡拝の機運がもりあがり、称名寺が参拝者を迎える準備として略縁起を整えたものと思われます。昭和六十三年（一九八八）に千葉乗隆が編集した『本願寺史料集成』に「西光寺古記」があります。そのなかに「二十四輩等小系譜」があります。そこに二十四輩ご旧跡寺院の小さな伝記が掲載されているので、興味のある方は読んでみてください。寛文十一年（一六七一）に知空は『御伝照蒙記』（寛文十一年、一六七一）に、称名寺の玉日伝説を「住持の話のままに書き記す」と信じないままに紹介をしています。宝永八年ごろに称名寺の女体像は親鸞が鑿（のみ）をふるった玉日像と解釈されだしました。江戸後期の『二十四輩巡拝図絵』がでたころから、玉日の命日とされる九月二十五日に称名寺の女身堂で年忌法要が営まれてくるようになってきたみたいです。結城称名寺の玉日伝説は時代とともに成長していますが、その出発点は近世本願寺教団が体制を整えている准如の頃だろうといわれています。

ところで、どうでもいいような話ですが、親鸞の妻は何人いたかという話を、学生時代に宮崎圓遵の講義で聞きました。遠い昔のことなのでおぼろげですが、先生は二人説を強調されていたような記憶があります。親鸞の妻帯を整理してみると、

(1)　一人説………恵信尼のみ。
(2)　二人説………恵信尼と今御前の母、または恵信尼と善鸞の母。
(3)　三人説………恵信尼、今御前の母、善鸞の母。

と分類できます。「日野一流系図」には、二人の奥様（恵信尼と玉日）と子女が七人が記載されています（第一子範意〈九條兼実の娘を母とする〉、第二子小黒女房、第三子善鸞、第四子明信〈栗沢信蓮房〉、第五子有房〈益方入道〉、第六子高野禅尼、第七子覚信尼、なお「恵信尼消息」には小黒女房、栗沢信蓮房、益方入道有房、覚信尼の四人の名前がでています）。恵信尼の手紙に明信が建暦元年（一二一一）に生まれたと記していますが、これは親鸞が三十九歳の時にあたります。流罪は三十五歳ですから、系図の順序通りに子供が生まれていれば、第一子あるいは第二子は流罪以前に出生していることになります。第一子範意は九条兼実の娘の子供とありますが、九条兼実に玉日という娘はいません。この範意の法名が印信とありますが、この印信は即生の誤りではないかとみられています。実悟の系図からみると、親鸞は第一子の範意の母と別れた後、第二子小黒女房など六人の母である恵信尼と結婚したことになります（※妻が二人という説に結論はでていません）。善鸞は「親鸞聖人消息」九通目に、「ままははにいひまどはされたると書かれたること、あさましきことなり」とあるので、恵信尼は継母で実子でないという説があります。善鸞の行動は、「親鸞聖人御消息」第九通から知ることができます。

母の尼にも不思議のそらごとをいひつけられたること、申すかぎりなきこと、あさましう候ふ。みぶの女房の、これへきたりて申すこと、慈信房がたうたる文とて、もちてきたれる文、これにおきて候ふめり。慈信房が文とてこれにあり。その文、これにおきて候ふめり。慈信房が文とてこれにあり。その文、つやつやいろはぬことゆゑに、ままははにいひまどはされたると書かれたること、ことにあさましきことなり。世にありけるを、ままははの尼のいひまどはせりといふこと、あさましきそらごとなり。またこの世にいかにしてありけりともしらぬことを、みぶの女房のもとへも文のあること、こころもおよばぬほどのそらごと、こころうきことなりとなげき候ふ。（意訳　善鸞が恵信尼について、とんでもない嘘をなすりつけたのは、どうしょうもなく情けないとしか言いようがありません。壬生の女房が私のところにやってきて、「善鸞からもらった手紙です」と持参した手紙を見せてくれました。これがそうです。善鸞の手紙に、「私が父にまったくはたらきかけていなかったために、父が継母に騙されている」と書いているのですが、こんなことを申しているのは本当に情けない善鸞の嘘です。事欠いて「継母の恵信尼が父を惑わせている」と言っていることは言語道断で実に情けないことです。どうしてこんなことを申すのか、何がどうなっているのかわかりません。善鸞が壬生の女房のもとに手紙を出すなんて想像もしていませんでした。内容はまったく善鸞の虚言としか言いようがありません。

このような事情がおきていることに、今の私は悲しいばかりです）

とあります。親鸞の痛ましい心がここにあふれています。この手紙から①親鸞の信頼を失いつつあることを知った善鸞が、壬生の女房に手紙を送った。②「今自分が不利な状況に陥っているのは、すべては父が継母の恵信尼に騙されているからだ」と書いてあること。③善鸞から手紙をもらった壬生の女房が、事情を聞くために親鸞のもとを訪ねてきたこと。④親鸞は壬生の女房から善鸞の手紙を読んで、ここまで言う善鸞に深い失望をしていることが読み取れます。この壬生の女房は善鸞の実母なのでしょうか。そう思うのは継母の恵信尼の話をもちだして、実母になんとかしてほしいと頼み込んでいるからです。念仏の教えの異義を唱えて追い詰められていた善鸞は、母親から親鸞にとりなしてもらう以外に打つ手がなかったようです。この善鸞義絶状は建長八年（一二五六）に書いています。この時の親鸞は八十四歳、越後に住んでいた恵信尼は七十五歳でした。この手紙から善鸞の実母の壬生の女房はまだ京都の壬生で健在だったことがわかります。おそらく善鸞は流罪以前に壬生の女房と善信（親鸞）とのあいだに産まれた子供なのでしょうか。流罪を契機に善信（親鸞）と壬生の女房は離別して、善鸞は壬生の母親に育てられたと考えていくのが自然です。

また、今御前の母は「即生房と共に生活の面倒をみてくれるよう」にと手紙（「親鸞聖人御消息」三十六通目）にでてくるので、親鸞にきわめて近しい存在であったことが想像できます。親鸞の奥様は一人・二人・三人いたという推測があるのですが、その中で恵信尼はまちがいなく親鸞の妻として存在していました。

それでは恵信尼といつ・どこで出会ったのでしょうか。そのかすかな手掛かりとなるのが「恵信尼消息」です。「恵信尼消息」は覚信尼にあてた八通と譲状（ゆずりじょう）二通の合計十通の総称です。手紙八通のうちの初めの四通は、娘から親鸞の往生を受け取った時に、夫を懐かしんで回想して覚信尼に書いたものです。この中、「比叡山で堂僧をつとめていたこと、法然との出会いにいたるまでのこと」を回想しながら書いています。また、「三部経の千回読誦を中止した回顧、法然が勢至の化身であり、親鸞が観音の化身である」という恵信尼の夢想も書いています。他の四通は身辺の記事です。

さては今年まであるべしと思はず候ひつれども、今年は八十七やらんになり候ふ。寅の年のものにて候へば、八十七やら八やらんになり候へば…………

と八通目にあるので、恵信尼は寿永元年（一一八二）の壬寅（みずのえとら）の生まれだと知れます。つまり、親鸞よりも九歳年下の妻です。親鸞とのかかわりについて、

(1) 流罪赦免の建暦元年（一二一一）三月三日、栗沢信蓮房が生まれたこと。さらに信蓮房が四歳のとき、武蔵国と上野国の境の佐貫で、親鸞が三部経千部の読誦を思い立ったが、四・五日して思いとどまり常陸国に向かったこと。

(2) 寛喜三年（一二三一）四月十一日、親鸞が風邪をひいて、夢うつつに『大経』の経文がまぶたにうかび、雑行がなくなっていないことを反省したこと（※親鸞五十九歳、

恵信尼五十歳）。

このことから少なくとも建暦元年から寛喜三年の二十年間を、恵信尼は親鸞と生活を共にしていたことがわかります。そのほかの手紙から、

(1) 二人の間には小黒女房、栗沢信蓮房、益方道性（有房）、覚信尼の四人の子供がいたこと（※善鸞については何もふれていません）。

(2) 晩年には二人は別々に暮らしていたこと（※親鸞の身辺は覚信尼が世話をしていました）。小黒女房、栗沢信蓮房、益方道性の三人の子は越後で暮し、恵信尼の近くに住んでいたこと。恵信尼は孫の世話をしながら暮らしていたこと。

(3) 丈七尺の五重の石塔の造立を発願したこと。

などのことが知られます。

ところで、恵信尼没後二百八十年後の天文十年（一五四一）に作成された「日野一流系図」には、恵信尼を兵部大輔三善為教女（へいぶたいふみよしためのりのむすめ）と記載しています。恵信尼の出自が三百年近く何もなかったのに、突然にこの系図にでてきたのは唐突な感じがします。

恵信尼がどのような家庭で育ち、親鸞といつ・どこで・どのように出会って結婚したのでしょうか。それをあきらかにする史料がありません。恵信尼は三善為教の娘というのが通説ですが、系図と「恵信尼消息」をつきあわせてみるとこれを整合して説明するのは困難です。このことは東京大学の石井進が「親鸞と妻恵信尼」や『大乗仏典二二　親鸞』の月報に指摘しているところです。どうも恵信尼と三善為教を結びつけるのには整合性がなく無理があるようです。恵信尼を知るには「日野一流系図」より「恵信尼消息」の史料的な信頼があるとみるのが歴史家の見解です。恵信尼が晩年にこの地方で生活をし、彼女の子女も多くは板倉町で生活していることをみれば、恵信尼がこのあたりの出身と考えても大過ないと思います。

親鸞の妻・恵信尼㈡

恵信尼との結婚がいつ頃か不明ですが、まず親鸞の名前について少しふれておきます。親鸞の幼名は定かでありませんが、得度をしてから範宴と名のっています。法然門下に入り範宴から綽空と改名しました。空の一文字があるので、源空（法然）につけてもらった可能性があります。この名前の初出は『選択集』を伝授される前年、元久元年（一二〇四）十一月に提出された「七箇条の制誡」（「七箇条の起請文」ともいう）の八十七番目に僧綽空とでています。『拾遺古徳伝絵詞』（『真宗聖教全書』三）や『六要鈔』（『真宗聖教全書』二）は綽空から善信に改名したとあります。前に少しふれていますが親鸞の名のりと結婚は、流罪以前の吉水時代という説と流罪以後の越後時代という説があります。しかし、今は越後時代というのが通説なのですが、確定ではありません。私は実悟の「日野一流系図」の註記に、「善信房綽空、夢告に依って親鸞と改む」と

あるのに注視しています。これによると綽空から親鸞へ改名したのは吉水時代という
ことになり、親鸞の改名は流罪以前ということになります。ここのところを平松令三
は『親鸞』で、

旧来の通説のように善信と改めたというのなら、親鸞という名がいつどうして生
まれたかはまったくわからないことになるのではないか。……通説は改められる
べきだと思っている。

と、従来の説を改めるよう提言しています。

さて、「恵信尼消息」八通目から恵信尼は寿永十年（一一八二）の誕生とわかるので、
九歳年下の妻だったことがわかります。恵信尼は専修念仏の停止によって越後に流罪
になった善信（親鸞）と結婚したというのが通説です。しかし、恵信尼の手紙から「日
野一流系図」で示されている第一子ないし第二子は流罪以前の子供と逆算できるので、
恵信尼との結婚時期を今新たに構築しなければならないような気がしています。さて
流罪から四年経って赦免がありました。が、赦免の後には京都に帰らず、親鸞とと
も

に関東に赴きました。どうして親鸞が越後から関東移住の理由を『御伝鈔』にふれていません。覚如の門弟の乗専が著した『最須敬重絵詞』（『真宗聖教全書』三）に、「事の縁ありて東国にこえ、はじめ常陸にして専修念仏をすゝめたまふ」と漠然と伝えているだけです。関東移住にふれていないのは、すでに移住の理由がわからなくなっていたのではないかと推測されています。関東移住の理由を探っている諸説があるのですが、どの説も賛同を得るにいたっていません。今もっとも有力視されているのが善光寺勧進説です。これは松野純孝が『親鸞　その生涯と思想の展開過程』で、安城御影から親鸞は各地を遍歴しながら遊行する念仏聖であったのではないかという見解を発表しました。本願寺所蔵の安城御影は親鸞八十三歳の時の姿で、朝円という画工が描いた寿像です。その寿像の裾には茜根裏（あかねうら）の下着が見えます。そして敷皮は狸皮、草履は猫皮、杖は猫皮を巻いた鹿杖（かせづえ）です。松野純孝は茜根裏の下着は俗人の風采であり、草履など皮づくしの寿像に一般僧侶にないものを感じとりました。さらに皮草履や鹿杖が旅の道具であることに注視しています。そこで非僧非俗の生活をしている親鸞は念仏の教えをひろめる伝道生活でしたが、安城御影に描かれる親鸞の姿は念仏聖の姿であろうと見たのです。この松野説は学界にショックをあたえたといいます。

親鸞は一番精力的に布教活動をしていた関東で二十年を過ごし、帰洛する時も夫婦一緒だったことが「恵信尼消息」からわかります。ところが『御伝鈔』下巻第一段（「御絵伝」第三幅第四図）の師資遷謫、『御伝鈔』下巻第二段（「御絵伝」第三幅第五図）の稲田興法、『御伝鈔』下巻第四段（「御絵伝」第四幅第一段第一図）の右図の箱根霊告の絵図の中には一緒のはずの恵信尼の姿が描かれていません。恵信尼はおよそ五十年を親鸞とともに過ごした女性です。しかし、親鸞は七十余歳になって恵信尼と別居しています。京都と越後で別々の生活をするようになったのです。恵信尼が越後に移り住んだ理由は、実家の遺産管理をするためだとみられています。第二子の小黒女房、第四子の明信（栗沢信蓮房）、第五子の有房（益方入道）、第六子の高野禅尼の四人は恵信尼の近くに住んでいました。そこで、恵信尼は近くの孫の世話をして暮らしていました。夫と死別した王御前（覚信尼）が母にたのまれたのでしょうか。恵信尼にかわって親鸞の身辺世話をするようになりました。恵信尼は七十三歳の建長六年（一二五四）に越後に住むようになり、その後は国府から南下して板倉町かその近辺に住んでいたようです。恵信尼には「ちくせん」の呼称がありますが、俗名は伝えられていません。善鸞義絶状にでてくる「まゝはゝのあま」が恵信尼を指しているとするならば、恵信尼は在京中にすでに得度をしておるはずです。恵信の法名は親鸞が授けたものなのでしょうか。

なにがしかの理由があって、親鸞は京都で生活をし、恵信尼は越後で生活を別々にせざるをえませんでした。それから十年の年月が流れ、恵信尼のもとに親鸞のご往生の訃報が王御前（覚信尼）から伝えられました。そこで恵信尼は感慨にたえず想い出をたよりに、王御前に手紙を返信しています。手紙は弘長三年（一二六三）から文永五年（一二六八）までの六年間に書き送られたものです。この手紙から『御伝鈔』にふれられていない親鸞の生涯の一部分を少しだけうめることができました。恵信尼と王御前との文通はその後も続いていました。手紙には「北越の地にあって念仏信仰をつづけて生活をしている様子、うちつづく飢饉にたえながら力強く生きている恵信尼の信念と生活」がこまやかに綴られています。恵信尼が八十七歳の時の手紙が最後のものです。この最後の手紙から老衰がすすんでいることがわかります。おそらくはこの手紙を書いてから、まもなくご往生されたのではないかと推測されています。

恵信尼に関する談義本は、室町時代になってからでまわるようになってきました。また御絵伝がいろいろな形で流布したので、その絵解きが多くされだしました。流布している四幅の御絵伝からは恵信尼の姿を確認できません。ただ甲斐等々力の万福寺所伝の六幅御絵伝（本願寺蔵）には、親鸞に侍する比丘尼の女性がはっきりと描かれているそうです。この六幅御絵伝は室町時代初期の作品です。この絵伝の越後配所の絵図のところに、ものをささげる比丘尼の女性があるのは配所が国府ということから考えると、恵信尼を描いたのであろうと思われます。もしそうであるならば初めての恵信尼の姿があらわれていることになります。

室町時代の中期以後に本願寺の慶寿院鎮永尼（証如の母）の寿像が描かれています。覚信尼の寿像も描かれたようで、それが本願寺に現存しているそうです。現在では恵信尼の寿像は一幅しか知られていません。それは昭和三十六年二月に入蔵した龍谷大学蔵のものです。ただこの寿像は何処で誰が図画したものか、また何処に伝来していたものかが不明だそうですが、室町時代末期の作品と鑑定されています。右上に書かれている恵信禅尼の四文字も、その頃のものであろうといわれています。右向きのお姿で数珠をつまぐっている寿像です。かすかに笑みをうかべたお顔の描線はかならずしも弱くなく、幸いに剥落も少なく全容がうかがえるそうです。

『本願寺親鸞聖人伝絵』（『御伝鈔』）

先に『「御絵伝」の絵解き』を出版し、判明している人物と場所をできるだけ特定しました。ここで『御伝鈔』を書いた覚如の御心にもう少し迫ってみたいと思います。初めての伝記『善信聖人絵』（※内容のすべてが親鸞の伝記でなく、初期教団に派生してきた諸問題の解決を親鸞に寄せて念仏者を導いています）が、上梓されたのは永仁三年（一二九五）の十月でした。本願寺で親鸞の三十三回忌を勤めた翌年のことです。

まず覚如に少しふれておきます（※重松明久の『覚如』を参照）。覚如は覚信尼と日野広綱との間に誕生した覚恵の長子です。すなわち親鸞没後九年の文永七年（一二七一）十二月二十八日に生まれた曽孫です。覚如が生まれながらに継承したのは、親鸞・覚信尼・覚恵・覚如という女系の血統と、血統に付随した大谷廟堂の留守職の墓守りとしての地位でした。覚如は童名を光仙、諱を宗昭、別号を豪摂と称しています。これは父親の覚恵が公寿・宗恵・覚恵と称したのに対応しているみたいです。「本願寺留守職相伝系図」（※本願寺蔵、親鸞聖人七五〇回大遠忌記念本願寺展カタログ№76に掲載）には遁世坊号覚如と載っています。幼少のころから祖母・覚信尼や父・覚恵の薫陶をうけて親鸞を敬慕し、いつの日にか親鸞を広く顕彰しようと成長していたことが想像されます。覚如は十三歳から近江の三井寺に住んで、宗澄から天台教義を学びました。やがて奈良の興福寺一乗院の信昭から法相教義を学ぶのですが、信昭がまもなく没したので、門下の覚昭に師事をしました。そして、弘安九年（一二八六）十七歳で得度受戒して、後に行寛に法相宗を学んでいます。つまり法相宗興福寺の僧侶生活をしていました。ふだんは興福寺で過ごしていましたが、時折に京都東山の大谷に帰っていたみたいです。覚信尼はすでに没して、そのあとを父の覚恵が大谷廟堂留守職を継いでいました。弘安十年十一月に親鸞の孫の如信が奥州大網から上洛してきたことがありました。そこで覚恵と覚如の親子は如信から他力摂生の信証を口伝されて、法然・親鸞・如信の三代血脈の相承を遂げたと言っています。翌年の正応元年（一二八八）の冬に、常陸国河和田の唯円が上洛したので、日ごろ疑問に思っていた法門の疑義を尋ねたといいます。このような事情があってか覚如の宗学の師は如信（※『最須敬重絵詞』に父の覚恵は親鸞を祖師と仰ぎ、如信を師とすると伝えています。また、『親鸞聖人門侶交名帳』には覚恵は如信の門侶の筆頭に書かれています）と唯円の二人といわれています。覚如は法相宗興福寺の僧侶でありながらも、浄土真宗の宗学の研鑽につとめていました。

そんな覚如に人生の一大転機が訪れました。正応三年三月に覚恵が関東・東国に赴くことになり、二十一歳の覚如は父の覚恵に従い関東八ケ国と奥州に同行することになりました。親鸞の御旧跡を巡歴し、遺弟（ゆいてい）に面会して往時の出来事をつぶさに見聞してきました。また如信に面会をして感銘をうけています。よほど感動したのでしょうか。覚如は絵師に如信の寿像を描いてもらい、正応四年（一二九一）正月に自ら讃銘を書き加えています。当時の如信は五十七歳でした。この寿像は現在本願寺に伝わっているそうです。かくて二年余りを、曽祖父（そうそふ）の親鸞の足跡や出来事の情報収集をして過ごしました。覚如にとってこの東国旅行はこれからの人生を決定づけた感銘深いものでした。親鸞の教化の足跡を知るほど、親鸞への追慕が深まってきたにちがいありません。帰洛した覚如は奈良に帰らず、父の覚恵を補佐して東山大谷に居住しています。これからの覚如は樋口安養寺の阿日房彰空（あにちぼうしょうくう）を師として、浄土宗西山派の教えを学びました。覚如の思想は西山義の影響がみられるのですが、これは彰空から西山教義を学んだからです。なお覚如の長子・存覚も彰空に西山教学を学んでいます。覚如はそれからも勝縁から幸西の一念義を学び、清水光明寺の自性房（じしょうぼう）了然から三論宗を学んでいます。関東から帰洛した翌々年の永仁二年（一二九四）は、親鸞の三十三回忌の法事に相当していました。これを契機に『報恩講式（私記）』を書きました。この法事を勤めた時に初めて報恩講の言葉が使われ、それ以後は御正忌報恩講と現在まで使っています。覚如二十五歳のときでした。翌年の永仁三年十月に、関東・奥州の旧跡巡歴で収集した史料をもとにして『善信聖人絵』を書きました。そして、これを伝記と絵伝をくりかえす絵巻物に仕上げました。従覚（覚如の実弟）の『慕帰絵詞（ぼきえのことば）巻五』の第二段（『真宗聖教全書』三）に、永仁三歳の冬応鐘中旬の候にや、報恩謝徳のためにとて本願寺聖人の御一期の行状を草案し、二巻の縁起を図画せしめしより以来、門流の輩、遠邦も近廓も崇て賞翫し、若齢も老者も書せて安置す。

と、『善信聖人絵』が公開されてからの人々の反応を記しています。この絵巻物が諸国の門徒にとてもよろこばれたようです。これは親鸞の生涯を絵巻物にあらわしたのですが、初めに詞書（ことばがき）があり、次にこの詞書を絵図に描いています。これを繰り返している長い巻子本（かんすぼん）の巻物です。何度か改訂した『御伝鈔』には覚如の意図が次の二点にあることがわかります。

(1) 親鸞は法然の念仏信仰の正しい継承者であり、その遺跡が大谷廟堂であることを内外に明示する。

(2) 真宗門徒が日常生活に経験している諸問題にたいして指示をしている。あたかも、親鸞が遭遇したかのように問題を洗い出し、念仏者としてどうすべきかを指示している。

その後も教団が直面してくる問題が次々と派生したので模索し続けて、その都度に『御伝鈔』の改訂をしています。現在流布している『御伝鈔』は、覚如が七十四歳の康永二年（一三四三）に改訂したものです。二十六歳から七十四歳までの四十八年をかけて、次々と初期教団に派生してくる問題に対処すべく『御伝鈔』を改訂して、その解決を計らうとしました。しかし、絵巻物は多くの人に同時に拝観してもらったり、その説明を聞いてもらうには長すぎて不便でした。そこで詞書（ことばがき）だけを上下二巻の『御伝鈔』としてまとめ、絵図は竪幅（たてはば）の「御絵伝」の掛け軸にしました。浄恵の『真宗故実伝来鈔』（『真宗全書』六十三）に『御伝鈔』と「御絵伝」に分けることを提案したのは存覚のアイデアだと伝えています。最古の『御伝鈔』の写本は、貞和五年（一三四九）の覚如が八十歳のときのものです。最古の「御絵伝」は建武五年（一三三八）のもので、覚如六十九歳の裏書があります。『御伝鈔』と「御絵伝」が徐々に一般寺院にゆきわたると、毎年の報恩講に「御絵伝」が本堂に奉懸されるようになり、『御伝鈔』が拝読されてきました。そのおかげで、親鸞の教えが広く民衆に定着してきたと言われています。

ところで『御伝鈔』の吉水入室・選択付属・信行両座・信心諍論・師資遷謫の五段は、善信（親鸞）と源空（法然）の関係をくどいくらいに書いています。これは法然門下の中で善信が源空の教えを真に理解して源空の高弟であったと印象づけるためです。善信は源空から『選択集』の書写を許可されるほど信託されていたことを伝えています。ですが、先にみたように、法然門下が書いた法然伝や、法然門流の系譜には善信の存在がまったくでてきません。この事実と『御伝鈔』のギャップをどう受けとめればいいでしょう。そこは『御伝鈔』の意図と浄土系史伝とは別々に考えなければこの矛盾は理解できないでしょう。『御伝鈔』で源空と善信の関係を強調しているのは、善信が源空の教えの正意を受け継いだ門弟であり、法然から嘱目されていた存在であったと覚如は知らせたいのです。かくて、善信こそが法然の専修念仏の教えを正しく継承していると伝えているのです。さらには、親鸞のご遺骨を納めている大谷廟堂が正しい遺跡だと示して、本願寺への帰依を勧めています。つまるところ法然の法灯を正統に継承しているのは親鸞であることを言いたいのです。ここに『御伝鈔』を書いた覚如の真意をみてとれます。

当時、嵯峨門徒の念仏房や正信房湛空たちが法然門下で法然の教えを継承していると主張していました。法然没後に東山の地に法然の廟堂が造られましたが、その後、嵯峨門徒は嘉禄三年（一二二七）六月に比叡山の僧徒に廟堂が破却しようと計画しているという情報を入手して、急遽法然の遺骸を移して火葬し、遺骨を洛西嵯峨に安置して法然の廟堂を建てました。そして嘉禎三年（一二三七）十月に『法然上人伝法絵』を出版し、源空の教えを正統に継いでいるのは嵯峨門徒だとアジテーションしています。こうした嵯峨門徒の動向に注視しながら、覚如は『御伝鈔』を書いていたのです。そのことをふまえて、兄弟子の念仏房や正信房湛空たちよりも、善信のほうが源空の教えと信仰を正しく継承しているのだと対抗をしています。それは『御伝鈔』上巻第七段（「御絵伝」第二幅第三図）の信心諍論で、正信房湛空や念仏房が他力信心の理解を述べているところを確認してみてください。法然門下の嵯峨門徒の動向からこれを読みといていくと、覚如の意図が自ずと伝わってきます。

もう少し吟味してみます。関東の親鸞の教化の具体例として『御伝鈔』下巻第三段（「御絵伝」第三幅第六図）に山伏弁円の帰伏がでてきます。どうしてここに弁円の帰伏が出てくるのでしょうか。これには理由があります。もともと関東は修験道が盛んな土地でした。稲田や板敷山の近在に山伏の修行の霊場とする山々が少なくありません。そんな土地で念仏信仰を布教すれば両者が対峙してくるのはあたりまえのことです。そういう意味で山伏済度は新旧宗教が相剋している象徴的な場面だとみてとれます。

また、関東から帰洛途中の『御伝鈔』下巻第四段（「御絵伝」第四幅第一図右図）に「箱根霊告」がでてきます。「箱根霊告」は関東から京都に帰る途中の場面ですが、ここで少し寄り道をして帰洛の理由を考えてみましょう。その理由を推論している諸説があるのですが定説はありません。昭和三十年頃までは『教行信証』の完成のためとする説が有力でした。しかし、板東本の『教行信証』の研究がすすんで、小川貫弌や赤松俊秀らによって、『教行信証』の大綱は関東時代にほぼ完成をしていることがあきらかになりました。この箱根霊告の説話は『御伝鈔』にでてくるだけで、他の史料にはどこにも出てきません。そうですから、これは親鸞をカリスマ化するための伝承にとどまるものとして、多くの学者はこれを事実とは認めないようです。これが事実であるか否かは調べる術がありません。平松令三は『親鸞』のなかで、

箱根権現がなぜ親鸞に敬意を表したのか、その理由がまったく書かれていないことは、『伝絵』編集当時にはもうそれが忘れられてしまって、ただ箱根権現で手厚くもてなされたというエピソードだけが、伝承されていたからではないだろうか。

という推測をしています。私はこの単純な推測に説得力があると頷いていますが、後にふれる『親鸞』（歴史ライブラリー三十七）も参照して考えてみて下さい。また『御伝鈔』下巻第五段（「御絵伝」第四幅第一図左図、第二図）に常陸の平太郎の「熊野権現霊告」の話がでてきます。箱根権現は東国武士や民衆の尊信の篤いところで敬われていました。また熊野権現の参拝は鎌倉時代後期になってから、東国武士が頻繁にするように

なってきています。神祇信仰を大切にしている人々がくらす土地で、東国門弟は日常生活にさまざまな問題を経験していました。この地方に住む人たちの生活のなかに専修念仏の信仰が浸透してきたらどうなるでしょうか。神祇はわが国に根づく民俗信仰ですので、両者の考えの違いからくる諸問題が深刻化してくるのは時間の問題でした。自然に念仏信仰と神祇信仰の信者たちの間で軋轢が起きてきました。したがって、この問題にどのように対処して念仏生活していけばいいのかを、教団からの正しい指示が必要となっていた時期でした。「箱根霊告」と「熊野霊告」で神祇の問題を含む題材をとりあげたのは、初期真宗教団にとって避けることのできない問題であったからです。親鸞の時代にはなかった神祇思想を、覚如はここに本地垂迹（ほんじすいじゃく）にもとづいて解決しようとしています。当時の人に根づいていた本地垂迹の教えから、念仏者の生活は神祇信仰の生と相反するものでないことを示しているのです。

　親鸞と神祇についての論考は内藤知康「親鸞の神祇観についての一考察」（龍谷紀要一五巻一号、一九八三年）、林智康「親鸞の神祇観」（九州龍谷短期大学紀要三十二号、一九八六年)、山崎龍明「神祇不拝の本質的意義」(印度学仏教学研究三十七巻二号、一九八九年)、野世英水「真宗神祇観の一考察」(印度学仏教学研究三十七巻二号、一九八九年)、本多静芳「親鸞の神祇観」(武蔵野大学紀要二六号、一九九一年)などがあります。著書は平松令三の『聖典セミナー　親鸞聖人伝絵』(一九九七年)、同朋大学仏教文化研究所編の『誰も書かなかった親鸞』(二〇一〇年)、今井雅晴の『親鸞聖人と箱根権現』(二〇一五年)などがあります。この中で平松令三は親鸞が箱根権現を訪問したのは偶然で、自ら参詣しようとしたのではないことを強調しています。それでは覚如が「箱根霊告」を書いているのはどんな理由があったのでしょうか。これについて平松令三は『聖典セミナー　親鸞聖人伝絵』(平成九年、一九九七年)に、

箱根権現は鎌倉幕府がたいへん尊崇した神だったから、その神が聖人を尊崇したという説話を掲げることによって、幕府の念仏者に対する風当たりを少しでもやわらげようとしたのではないか、とも考えられます。あるいはまた箱根権現は山岳信仰であって、筑波山などと同じく修験者が数多く集まっていたはずですが、

それらの中に板敷山の山伏と同じく、親鸞聖人に帰依する者があったことを背景にしてうまれた伝承だったかもしれません。

と述べています。また同朋大学仏教文化研究所編の『誰も書かなかった親鸞　伝絵の真実』（平成二十二年、二〇一〇年）の中で、小島恵昭が「箱根と熊野　神祇不拝と汚穢不浄」の論考で興味深い思索を発表しています。それは覚如が「箱根霊告」を書いているのは、第一に永仁三年の箱根山焼失と『親鸞伝絵』の制作が近時であり、箱根権現の復興のための箱根信仰の勃興時期に『親鸞伝絵』の成立があること。第二に箱根権現を創建した万巻が鹿島神宮寺を創建していること。鹿島神宮の神人の家に生まれたのが横曽根門徒の性信です。万巻と性信の伝承を『親鸞伝絵』に箱根権現のエピソードをおさめた理由の一つにあげられること。第三に伊豆権現の神々と熊野信仰は深い関わりがあり、箱根には多くの熊野神社があったことから、『親鸞伝絵』が箱根権現のエピソードを収めた「熊野霊告」との関連をあげることができると述べています。

ところで、平松令三が注目したのが、『箱根町誌』二巻にある「建永元年（一二〇六）

青蓮院門跡の慈円が、伊豆山と箱根山の支配を安居院聖覚に委せた」という記事です。そして、「聖覚の指示を受けた箱根権現の祠官が聖人を丁重にもてなしたことは十分にあり得る話」であると推測しています。『箱根町誌』にある聖覚の記事が何に依っているかを、平松令三は『親鸞』（歴史文化ライブラリー三十七、平成十年、一九九八）の中で『門葉記』九十一巻所収の「大懺法院起請文」によって確認ができると説明しています。この『門葉記』を詳細に研究したのが歴史学者の今井雅晴です。今井雅晴は平成二十七年（二〇一五）にだした『親鸞聖人と箱根権現』（歴史を知り、親鸞を知る⑨）で、聖覚は青蓮院で慈円に仕えていて、箱根権現を含む「桜下門跡領」という荘園群の所有を保証されていたことを説明しています。さらに聖覚が箱根権現や伊豆山権現などを含む桜下門跡領の荘園群を慈円の寺坊に寄進して、青蓮院門跡（慈円）と桜下門跡領荘園（聖覚）と箱根権現という支配関係を構築していたと結論づけています。とても興味深く教えてもらいました。

親鸞の時代にはなかった新たな課題の神祇観が、覚如の初期教団形成期に避けられない喫緊の課題として解決が迫られていました。そこで覚如はその神祇信仰と念仏者の生活の軋轢を解決するために、『御伝鈔』で本地垂迹説を展開して、念仏者の生き方と神祇不拝は矛盾するものでないことを説いたのです。

また、初稿本の『善信聖人絵』には上巻第四段（「御絵伝」第一幅第五図）の蓮位夢想と、上巻第八段（「御絵伝」第二幅第四図）の入西鑑察の二段がありません。この二段は後に康永本で追加されたものです。この二段は聖徳太子と善光寺の如来がでてきます。しかも親鸞が阿弥陀如来の来現として扱われています。親鸞によって阿弥陀仏信仰に導かれた人は、親鸞を阿弥陀如来の来現のように仰いで尊敬するという心情には理解ができます。しかし、それが聖徳太子や善光寺の如来について語られているところに、その時代性があるという指摘があります。当時は聖徳太子信仰や善光寺信仰が盛んであった時代です。そうした時代への対応を考えることも必要だったのかもしれません。

以上のように『御伝鈔』は単純な親鸞伝記というものにとどまるものではありません。初期教団におこっている諸問題に、覚如が模索しながら解決しようとしていることとを知らねば、『御伝鈔』の真意が理解できないと思います。『御伝鈔』は、覚如が父と共にした東国旅行で得た親鸞の伝聞をものをもとにしたものと、初期教団に派生している諸問題を親鸞の生涯のできごととして、念仏者はどうあるべきかを導いている内容なのです。

第二章　東西本願寺61のちがい

東西本願寺61のちがい

東西本願寺がどうして存在しているのか、基礎から学んでおきましょう。本願寺の開基は覚如なのですが、覚如は自らを本願寺第三代と位置づけをしました。自分が親鸞の正統な継承者であることを知らせるために、覚如独自の三代伝持の血脈（けちみゃく）と法脈を主張して、自分の存在意義を強調しています。三代は源空（法然）・親鸞・如信の三師を指しています。源空（法然）の専修念仏の教えは親鸞に的伝し、さらに親鸞の浄土真宗の教えが如信に伝授され、如信から覚如に念仏の正意が継承されてきているという主張です。覚如は曽祖師（そうそし）・祖師（そし）・先師（せんし）というふうに、すべて自分を基点にした呼称をしています。これは三代伝持の法門が覚如に嫡嫡相承していることを言いたいのです。ことに延元二年（一三三七）の『改邪鈔（がいじゃしょう）』の奥書に、

右この抄は、祖師本願寺聖人　親鸞、先師大網如信法師に面授口決せるの正旨、

報土得生の最要なり。余、壮年の往日、かたじけなくも三代　黒谷・本願寺・大網　伝持の血脈を従ひ受けて以降、とこしなへに蓄ふるところの二尊興説の目足なり。遠く宿生の値遇を測り、つらつら当来の開悟を憶ふに、仏恩の高大なることあたかも迷盧八万の嶺に超え、師徳の深広なることほとんど滄溟三千の底に過ぎたり。ここに近くかつて祖師御聞葉の輩と号するなかに、師伝にあらざるの今案の自義を構へ、謬りて権化の清流を黷し、ほしいままに当教と称してみづから失し他を誤らすと云々。はなはだしかるべからず。これによりて、かの邪幢を砕きてその正灯を挑げんがためにこれを録す。

と黒谷・本願寺・大網伝持之血脈を承けたことを示し、さらに親鸞から如信へ、如信から覚如に面授口決された教えが報土得生の最要とよろこんでいます。元弘元年覚如が六十二歳に著した『口伝鈔』に初めて三代伝持の主張がでています。

覚如は親鸞の没後九年の文永七年に誕生しました。親鸞の子孫といっても、親鸞の娘（覚信尼）の子供の覚恵の長子です。これは親鸞の正系とはいえません。そこで主張したのが「念仏の正義は法然から親鸞に伝えられ、親鸞から如信に的伝し、如信から覚如に継承している」という三代伝持説です。覚如が親鸞の後継者と名のるには、どうしても如信の存在が不可欠であったのです。

ここで如信について記しておきます。如信は善鸞の子供で覚如の伯父です。本願寺所蔵の寿像の裏書に、如信は嘉禎元年（一二三五）の誕生と書いています。親鸞が六十三歳のときの孫です。『最須敬重絵詞』（『真宗聖教全書』三）に、

面授の弟子おほかりし中に、奥州東山の如信上人と申人おはしましき、あながちに修学をたしなまざれば、ひろく経典をうかゞはずといへども、出要をもとむるこゝろざしあさからざるゆへに、一すぢに聖人の教示を信仰するに他事なし、これによりて幼年の昔より長大にいたるまで、禅牀のあたりをはなれず、学窓の中にちかづき給ければ、自の望にて開示にあづかりたまふ事も時をえらばず、他のために説化し給ときも、その座にもれ給ことなかりければ、聞法の功もおほくつもり、能持の徳も人にこえ給けり、

と、如信は幼少期から祖父（親鸞）の膝下で薫陶をうけていたと伝えています。覚如は弘安十年に奈良から御正忌に帰洛したときに、たまたま上京して大谷に詣でていた如信と面会をしました。覚如は如信との面会時に「釈迦弥陀の教行を面受し、他力摂生の信証を口伝」（『慕帰絵詞巻三』）されたと言っています。如信が三代伝持の血脈に連なっているのは、覚如が親鸞の教えの継承者だと主張するためにどうしても不可欠の人物だからです。

かくて大谷廟堂留守職に就くことは大谷影堂の守護者であるにとどまらず、親鸞の正しい継承者としての意味をもつようになってきました。三代伝持の血脈について、塚本一真が「三代伝持の血脈概観」（『浄土真宗研究紀要』十）に論及しているので、一読してみてください。この三代伝持の血脈は、すでに普賢晃壽の『中世真宗思想の展開』、梯實圓の「覚如教学の特色」（龍谷教学三十六）、『聖典セミナー　口伝鈔』、重松明久の『覚如』などに時代背景をふまえて論じています。これからどうして覚如が三伝持の血脈を主張したのか理解できるはずです。覚如が三代伝持を主張している意図を、梯實圓

が『聖典セミナー・口伝鈔』で明らかにして、

『口伝鈔』全二十一章を通した覚如の主張は三代伝持の血脈を顕示することにあり、これによって①浄土異流の鎮西派や西山派に対して、親鸞聖人の法灯が法然聖人の正統であること、②親鸞聖人の直弟子の系譜をひく各地の教団に対して、如信・覚如と伝統してきた大谷本願寺が一宗の根本であること、③浄土真宗の教義の中核は信心正因・称名報恩であるということ、の三点を明らかにしようとしたものである。

と述べています。これで覚如の意志を十分に理解できるはずです。

親鸞・如信・覚如の血統と、法然・親鸞・如信と相承した法脈を継承しているのは自分だけだと強張しているのです。このように血脈と法脈の両面の正統な継承者であることを主張しながら、まだ不安定な真宗門徒の団結を計っていたのがわかります。

覚如が名づけた本願寺は、開基住職に曽祖父の親鸞を据えて、二代に伯父の如信を据えて、自分は三代と位置づけをすることによって、法脈と血脈を唯一継承していることを内外に告知したのです。そうですから研修会などで覚如を本願寺第三代住職と学んでいるのです。

さて本願寺が東西本願寺の二つの本山に分かれたのは、令和五年から四百五十三年前の元亀元年（一五七〇）に遡ります。織田信長が天下覇権のために大坂の石山本願寺（※現在の大阪城の前身です）に明け渡しを要求したのですが、時の宗主二十八歳の顕如はこの要求を拒絶しました。これから本願寺と織田信長のおよそ十年にわたる長くきびしい石山戦争が続きました。きびしい戦況下で和議をめぐって、次第に顕如の和睦派と長男教如の抗戦派のふたつの意見がぶつかりあうようになってきました。教如が石山本願寺退出に賛成できず、父（顕如）と意見がぶつかりあった理由は、

(1) 蓮如以来の聖地を信長にわたすこと。
(2) 信長の表裏別心を恐れたこと。
(3) 東の武田信玄と西の毛利元就の和解なくして、本願寺だけが信長と和平をむすぶことは不当だと思っていた。

この三点が指摘されています。「本願寺文書」に、

急度取向候、今度当寺信長と無事相とゝのをり、しかれば天下和談のすぢに候はゞ、連々入魂さい国東国一味に調られ、猶そのうへにても当寺あんおんに候てこそ無事にてはあるべき事候、結句当寺を彼方へ相わたし退出候はゞ、表裏は眼前候、さやうに候ときは、数代聖人の御座ところを、かの物共の馬のひづめにかけしはてんこと、あまりにあまりにくちおしく歎入候、さいか衆・寺内の輩も、数年の籠城かたがたにくたびれ、すでにつゞきがたき事もちろんながら、なにとてぞ今一たび可成ほど当寺あひかゝへ、聖人の御座所にて可相果かくごに候、然ば御門主にたゐし申、自余の私曲をかまへ申儀ゆめゆめ無之候、たゞひとへに当寺無退転仏法相続候やうにとおもひたち候計候、各同心候はゞ、仏法再興とありがたかるべく候、老若ともにたのみ入候、猶左衛門大夫・太郎次郎可演説候、穴賢

後三月十三日　　　　教如（花押）

東西本願寺61のちがい

了順
平大夫
源三大夫
左衛門大夫
太郎次郎

雑賀惣中

という文が残っています。ここに苦悩にみちた教如の心中が伝わっています。結局、織田信長に本願寺をあけわたすことで和睦したのですが、その直後に「無残二日一夜、明三日までに皆々焼了（「多聞院日記」、国立国会図書館デジタルコレクション）」と記録されているように本願寺坊舎は悉く焼失してしまいました。ここに蓮如が明応五年に坊舎をかまえてから八十五年、永禄八年の両堂建立より数えて十六年で本願寺は灰燼に帰したのです。本願寺焼失後も顕如と教如の父子の溝はなかなか埋まらなかったといいます。しかし、天正十年六月二日に織田信長が明智光秀に本能寺で暗殺される事件がおこりました。その死を契機として、顕如と教如は和解をしています。顕如は「任叡慮之旨、六月廿六日御和平（「鷺森日記」）し、この日に教如は「御所様可為御譲次第、北御方様之儀同前、毛頭私曲表裏不可有之（「本願寺文書」）と誓っています。顕如は京都に寺基を移してほどない文禄元年（一五九二）十一月二十四日、四十九歳で往生しました。そこで、三十四歳の教如が本願寺を継職しました。ところが、顕如の妻・如春尼（教如の母）が顕如から准如（理光院）への大谷廟堂留守職譲状（※本願寺歴代住職には前門主からの大谷廟堂留守職譲状が託されます。大谷廟堂留守職譲状をもっている者が次代の本願寺門主になる決まりがあり、後継者は誰かを決定づけるとても大事な証文です。）があると言い出しました。この騒動で本願寺継職問題は容易に決着しませんでした。仲裁に入った豊臣秀吉は教如に「十年間は本願寺住持を踏襲し、十年後に理光院（准如）に留守職を譲ること。元来は自身宛ての譲り状をもたないから即時離職するべきであるが、今日まで理光院を扶助した恩返しである。なお十年後に離職して不安に思うならば、無役に三千石を給与する」という条件を教如に提示しました。教如は豊臣秀吉の権勢と母・

如春尼の心を忖度してすみやかにこの提示を承諾しました。ところが教如に仕えていた坊官の下間頼廉がこの譲り状に疑問があると言いだしました。このことが豊臣秀吉の怒りをかい、秀吉は即時に教如に隠居するように命じました。それから三十日後に、教如は本堂の北の屋形に移りました。世の人は教如を裏方と称していました。教如を慕う僧俗は多くあり、本寺参詣のついでに教如を訪ねたり、直々に参詣する者もありました。のちには裏方が住んでいる場所に御堂・広間・玄関・台所までが建ってきました。さらに隠居した教如は従前に変わらず本尊の裏書などを施していました。こうした教如の振る舞いは准如と如春尼の感情をいたく害したようです。文禄三年夏に如春尼は坊官を遣わして裏書をしないことなどを通達したといいます。かくして弟の准如が十七歳で文禄二年（一五九三）に本願寺十二代を継ぐことになりました（※今は教如が本願寺第十二代を継職した痕跡は消えて、顕如から准如に順当に継職したように記録されていると聞いています）。のちに豊臣秀吉は京都に十万余坪の広大な土地を寄進しました。これが現在の西本願寺です。

そして、時が流れ、慶長三年八月、豊臣秀吉の死後に、徳川家康は勢力を伸ばしてきました。時勢を読み取ることに敏捷な教如は徳川家康・秀忠に急接近していました。この教如からの接近を徳川家康は歓待していました。慶長五年六月に徳川家康は長尾景勝追討のために関東に兵を出しています。この時、教如は近江佐和山城の石田治部少輔三成の阻止にかかわらず、徳川家康の陣中見舞いに関東に下向して謁見をしました。ところが、准如は石田三成の阻止にしたがって、途中の三河岡崎から帰京しました。この後石田三成と徳川家康の世に名高い関ケ原合戦となりました。この合戦の前後に准如を誹謗した十七箇条の訴状が、徳川家康のもとに届いています。徳川家康の入洛(じゅらく)に際して、九月二十日に教如は近江の大津で徳川家康を出迎えて面謁することができました。が、徳川家康の心中は准如を快く思っていなかったので、准如はついに対面できませんでした。准如は徳川家康が不快に思っている諸事に憂慮していました。そこで浅野紀伊守に嘱して徳川家康の重臣の本多佐渡守正純に弁解を試みています。また、本願寺蔵の霜月十一日付け柳原殿宛ての准如書状には、尾張の徳川義直の母相応院が本願寺の西光寺祐従の養母の妹楊林の養女である関係をたどって弁解しているという苦慮の痕跡がみえるそうです。権中納言山科言経の『言経卿記（ときつねきょうき）』（国立国会図書館デジタルコレクション）に、准如は容易に徳川家康に面謁することができず、慶長五年十月二日、下坂して徳川家康に謁見しようとしたが、直ちにそれがかなわなかったこと。ようやく十一月十七・八日頃に面謁することができたことが記されています。一方徳川家康は教如と交誼を重ねていたので、慶長六年八月十六日に教如を訪ねています。徳川家康の教如への接近は、教如へ寺地の寄進にまで進展していきました。『東本願寺系図』（『真宗全書』五十六）、『翻迷集』（『真宗全書』五十六）など大谷派の所伝では、慶長七年の伏見評定の時に、徳川家康は教如が嫡男であり、かつて難をはいして関東に徳川の陣中見舞いをした謝意を表して本願寺の住持にさせることを図りました。この時に本多佐渡守正純が、「この仰せはありがたいが、本願寺はすでに秀吉によって表方（准如）と裏方（教如）に分立していて共存しているので、今更に表方を押し込めるは良策といえない」と言ったといいます。さらに、太閤の取り立てに対せられ御宥免あそばされば、尤深重の御慈悲たるべし、教如上人の儀は、血脈相承の筋目といひ、殊に御忠節といひ、御当家御取立として再興仰付られれば、両本願寺と有中に、血脈相承の根本を糾給を御仕置、諸人のおもはくも各別たるべき儀也………如此御仕置にては天下の御為にもよろしかるべく奉存。（真宗大谷派『事書』）

と具陳したといいます。それで徳川家康は佐渡守の意見を聞き入れて、寺地の寄進になったことが伝えられています。かくして徳川家康は所司代の板倉四郎右衛門勝重と加藤喜左衛門の両人に命じて、西本願寺のすぐ近くの烏丸六条と七条の間の四町四方の寺地を選定させて教如に寄進しました。慶長七年（一六〇二）、准如二十六歳、教如四十四歳の時です。慶長八年正月三日に、教如は上野国（群馬県）前橋の妙安寺に安置していた親鸞の祖像（御真影様）を迎えました。五月七日に御堂を京都七条に移転するためにとりこわし、六月八日に仮御堂にお移徙がありました。このように教如は徳川家康の庇護によって一寺を建立できたのです。これが東本願寺のはじまりです。ここに二つの本願寺が地理的に東と西に存在するようになりました。東西本願寺は親鸞から第十一代顕如までが同じ系譜なのですが、第十二代から東西本願寺は別々の系譜となり現在に至っています。何気なくいう西本願寺と東本願寺というのは立地関係から言っている通称だと理解してください。

本願寺が分派した江戸時代初期（慶長七年、一六〇二年）から昭和六十二年（一九八七）までの三八五年間、東西本願寺の正式名称はどちらも本願寺でした。ところが、昭和六十二年十二月十四日に、東本願寺は「宗教法人・本願寺」を解散して、「宗教法人・真宗大谷派」に吸収合併しました。そして新たに正式名称を真宗本廟（しんしゅうほんびょう）と改称しました。でも一般には東本願寺とよばれています。その理由は西本願寺と区別するためだといわれています。単に本願寺とあるときは西本願寺のことだと思ってください。今は西本願寺と東本願寺と表記して両者のちがいを比較してみます。

東西本願寺が伝えている親鸞の教えは同じなのですが、仏具や作法等に両者に大小の違いが見られます。私の備忘録と記憶をたよりに、これから東西本願寺のちがいを順不同ですが、記しますのでご参照ください。

①　西本願寺の本山名は龍谷山本願寺です。山号が龍谷山で、寺号が本願寺です。ところが、東本願寺の山号はどこを調べても不詳です。山号をもたない寺院もあるので、東本願寺もその類かもしれません。ともあれ昭和六十二年十二月十四日から、東本願寺の正式本山名は真宗本廟です。

②　西本願寺宗派名は浄土真宗本願寺派です。東本願寺宗派名は真宗大谷派です。

③　西本願寺のローマ字表記はHONGWANJIで、東本願寺はHONGANJIです。

④　千葉県松戸市の「天真寺通信」（二〇一四・八・二十九）に触発されて、東西本願寺の紋を調べてみました。西本願寺の紋は『法流故実条々秘録(ほうりゅうこじつじょうじょうひろく)』（『新編真宗全書』三十）に、

本願寺御家之御紋、根本ハ鶴丸也……証如上人ヨリ初メテ摂家ノ猶子ト成給テヨリ、御家之八ツ藤ニ改マリ候。

と記しています。まず、明治維新の功績に対して第二十一代明如に皇室定紋の菊衣紋の五条袈裟が明治二十四年に下賜されたことを特記しておきます。西本願寺

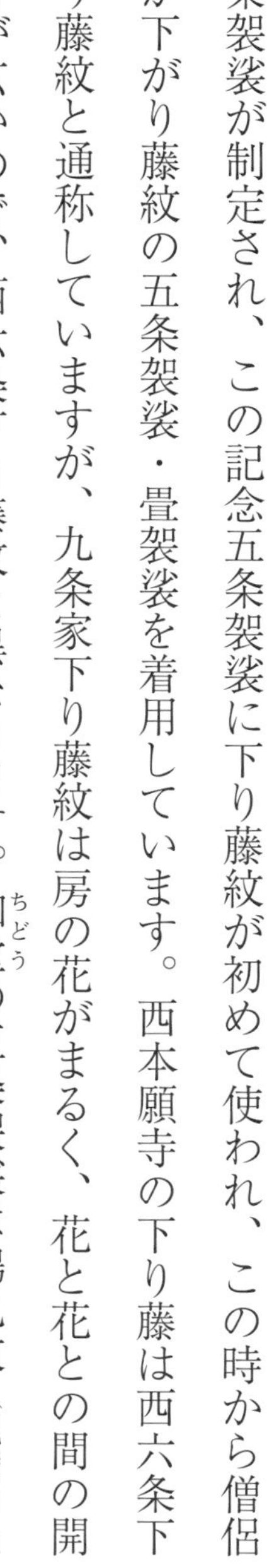

の御文章箱の上（あるいは右下）の紋は下り藤で、下（あるいは左下）の紋は五七の桐です。西本願寺が下り藤紋を使うのは、明治三十一年（一八九八）に第二十二代鏡如（大谷光瑞）が貞明皇后の姉・九条籌子と結婚した時に、籌子さまが皇室副紋の下り藤紋を持参しました。明治三十六年五月に鏡如の伝灯奉告法要に記念五条袈裟が制定され、この記念五条袈裟に下り藤紋が初めて使われ、この時から僧侶が下がり藤紋の五条袈裟・畳袈裟を着用しています。西本願寺の下り藤は西六条下り藤紋と通称していますが、九条家下り藤紋は房の花がまるく、花と花との間の開きが広いので、西六条下り藤紋と異なります。知堂の五条袈裟は鶴丸紋（親鸞の生家・日野家の紋）です。また、第十一代顕如十七歳の永禄二年（一五五九）に、本願寺に門跡寺院の勅許がありました。それから五七の桐紋が使われるようになっています。門跡寺院となり宮中と関係ができて、皇室の副紋の五七の桐の使用が許されたからです。

下り藤と五七の桐紋（西）

野村淳爾の「本願寺寺紋の変遷」（『浄土真宗研究紀要』十）を読んで、歴代門主の衣体の紋を知りました。蓮如までは無紋の衣体ですが、実如の衣体から「鶴丸紋」がついています。証如は「八藤紋」（証如が摂家の猶子となり鶴丸紋が八藤紋と改められました。そして、第十三代良如が日野家家紋の「鶴の丸」から「四つ藤」と改め、現在は「八つ藤（十六菊）」とか「八藤」と言っています）です。顕如は「八藤紋」と「五七の桐紋」です。准如は「八藤紋」と「五七の桐紋」です。良如は「八藤紋」です。寂如は「五七の桐紋」と「菊花紋」（「八藤紋」）です。住如は「五七の桐紋」と「菊花紋」（「八藤紋」）です。湛如は「五七の桐紋」と「菊花紋」（「八藤紋」）です。法如は「菊花紋」（「八藤紋」）です。文如は「菊花紋」（「八藤紋」）です。本如は「菊花紋」（「八藤紋」）です。広如は「五七の桐紋」（「八藤紋」）です。明如は「菊花紋」です。鏡如から現門主まで「下り藤紋」を使われています。

近代以降の西本願寺の皇族・公家との通婚をみると、第二十一代明如の長女・武子が九条良教と結婚、第二十二代鏡如が九条

八藤紋（上）と抱き牡丹紋（下）（東）

篝子と結婚、第二十三代光照が徳大寺嬉子と結婚、鏡如の実弟・光明の長女が近衛文隆と結婚しています。皇室との姻戚関係がこの時代に急に深くなっていることがわかります。西本願寺は下り藤紋と五七の桐紋と覚えていて下さい。

東本願寺は八藤紋（はっとうもん）と抱き牡丹紋（八葉牡丹）です。鎌倉時代中期に成立した藤原氏嫡流の近衛家・一条家・九条家・鷹司家・二条家の公家五摂家（くげごせっけ）の中で、牡丹紋を使っているのは近衛家（このえけ）と鷹司家（たかつかさけ）だけです。東本願寺は代々近衛家と猶子（ゆうし）の関係を結んでいました。しかし実際に抱き牡丹紋を使用したのは、第二十四代闡如（せんにょ）（大谷光暢）が久邇宮智子（くにのみやさとこ）（香淳皇后良子の妹）と大正十三年五月三日に婚姻してから、皇室副紋の抱き牡丹紋の使用をしていると聞いています。また、親鸞の生家の日野家が藤原氏の支流だから八藤紋も使っています。興正寺は明治九年の本山独立の時に、鷹司家から抱き牡丹紋の使用を許可されたからです。また専修寺は五七の桐紋を使用しています。

八藤紋（西）

⑤　西本願寺の御影堂は向かって左（南）にあり、その右（北）に本堂の阿弥陀堂が建っています。東本願寺は左（南）に阿弥陀堂があり、右（北）に御影堂が建っています。このように東西本願寺の両堂の位置が真反対です。どんな理由があったのかわかりませんが、おもしろいですね。

⑥　西本願寺の阿弥陀堂外陣の畳は、本尊に向かって横方向に敷くのが正式です。東本願寺の阿弥陀堂外陣の畳は、本尊に向かって縦方向に敷くのが正式です。一般寺院もこれに準じて畳を敷いています。どうしてなのか理由はわかりませんが、これまたおもしろいですね。いつか両本山の阿弥陀堂にお参りして直接確認してみてください。

⑦　上卓・前卓・燈籠の足ですが、西本願寺は猫足が内曲がっています。東本願寺は直線または猫足が外曲がりに

卓の足（西）

五具足（西）

上卓の四具足（西）

卓の足（東）

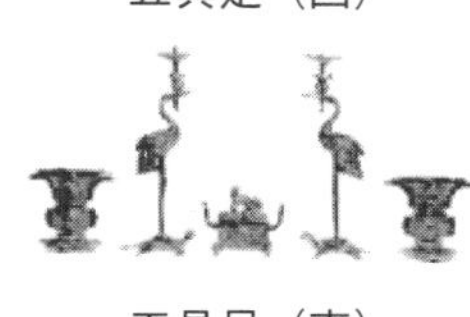
五具足（東）

上卓の三具足（東）

なっています。

⑧西本願寺で使う具足ですが木瓜菖蒲（もっこうしょうぶ）とか六角菖蒲とよばれる菖蒲形です。東本願寺の具足は本山彫りとか丸鶴とよばれる形です。

⑨西本願寺の阿弥陀堂上卓は四具足（華瓶二、火舎香炉一、燭台一）です。東本願寺の阿弥陀堂上卓は三具足（華瓶二、火舎香炉一）です。

⑩西本願寺の輪灯は菊の彫りがあり、油皿台は須弥山の形です。傘をひっくりかえすと菊の花をかたどっています。東本願寺の輪灯は単純なデザインの丸蔓輪灯で、傘の上に瓔珞（ようらく）があります。なお、専修寺は桐輪灯、仏光寺は藤輪灯、興正寺は牡丹輪灯です。

⑪西本願寺の鏨台（きんだい）は赤色の丸い形で布団を敷いています。東本願寺の鏨台は黒色の箱型で輪を敷いています。

⑫西本願寺は拍子（ひょうし）をとる棒状を節柝（せったく）といいます。東本願寺は音木（おんぎ）といいます。

⑬西本願寺の僧侶は下り藤の紋が織り込まれている色衣を着ます。東本願寺の僧侶

輪灯（西）　輪灯（東）

は紋なし無地の色衣を着ます。

⑭西本願寺の黒衣は裳附型（もつけかた）で石帯を使います。東本願寺の黒衣は直綴型（じきとつかた）で石帯は使用しません。

⑮西本願寺の七條袈裟の修多羅（しゅたら）は修多羅の紐で結ぶために長いままです。東本願寺の七條袈裟の修多羅は長い部分をエビ飾りに結んで、補助紐で結びます。

⑯西本願寺は五条袈裟の小威儀を引き結びにします。東本願寺は五条袈裟の小威儀を蝶々結びにします。

⑰西本願寺は丸形の宣徳製の外陣香炉を使っています。東本願寺は角形の真鍮製の外陣香炉を使っています。

⑱西本願寺は翠簾（みす）を使用しますが、東本願寺は翠簾を使いません。

⑲西本願寺は宮殿に華鬘（けまん）を使用しますが、東本願寺は宮殿に華鬘を使用しません。

⑳西本願寺の宮殿の屋根は一重の杮葺（こけらぶ）きの屋根で、大部分を金箔でおしたデザインです。東本願寺の宮殿の屋根は、二重の瓦屋根で黒い漆塗りのデザインです。

㉑ 西本願寺の宮殿の柱は金箔を押した柱の上に金色の錺金具(かざりかなぐ)を施しています。東本願寺の宮殿の柱は黒い漆塗りの柱に金色の錺金具を施しています。

㉒ 西本願寺は「四句念仏」「十二礼」を使いますが、東本願寺は「四句念仏」「十二礼」は使用しません。

㉓ 西本願寺の伽陀(かだ)は比較的になめらかな節回しで、東本願寺は少し複雑な節回しといわれています。

㉔ 西本願寺と東本願寺の「正信偈」のお勤めの節が少し違っています。

㉕ 東本願寺は御正忌報恩講に坂東節(ばんどうぶし)の念仏作法を行います。西本願寺は寂如の時代に坂東節を廃止しました。西本願寺は親鸞聖人三百五十回大遠忌（慶長十六年）と四百回大遠忌（寛文元年）のご満座に坂東節を勤めました。ところが、第十四代寂如が元禄二年（一六八九）の御正忌報恩講から坂東節の使用を廃止して、八句念仏に改めたと『大谷本願寺通紀』に伝えています。

㉖ 西本願寺は「御文章(ごぶんしょう)」といいますが、東本願寺は「御文(おふみ)」といいます。

㉗　西本願寺の登高座作法では塗香（ずこう）の作法がありますが、東本願寺の登高座作法では塗香の作法がありません。

㉘　西本願寺は登高座の前卓に巻経（三部経）を立てる台を置いています。東本願寺は登高座の前卓（まえじょく）に巻経を入れる箱が置いてあります。

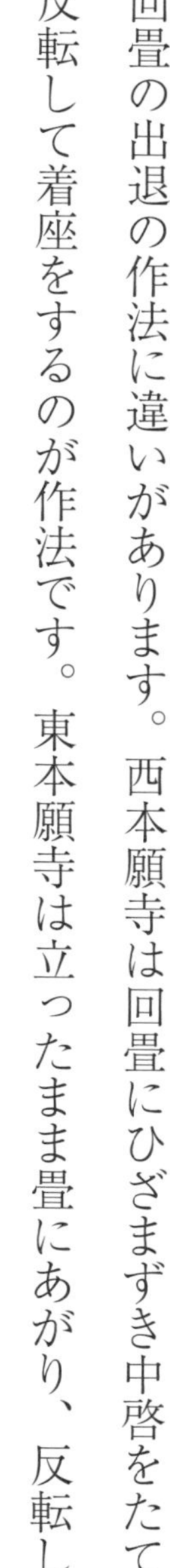

㉙　回畳（まわりじょう）の出退の作法に違いがあります。西本願寺は回畳にひざまずき中啓をたて畳を反転して着座をするのが作法です。東本願寺は立ったまま畳にあがり、反転して着座をする作法です。

㉚　西本願寺の焼香は一回ですが、東本願寺の焼香は二回です。

㉛　西本願寺は通常の蝋燭に白蝋を使っています。東本願寺は通常の蝋燭に朱蝋を使っています。

㉜　西本願寺は布教使（ふきょうし）といいますが、東本願寺は教導（きょうどう）といいます。

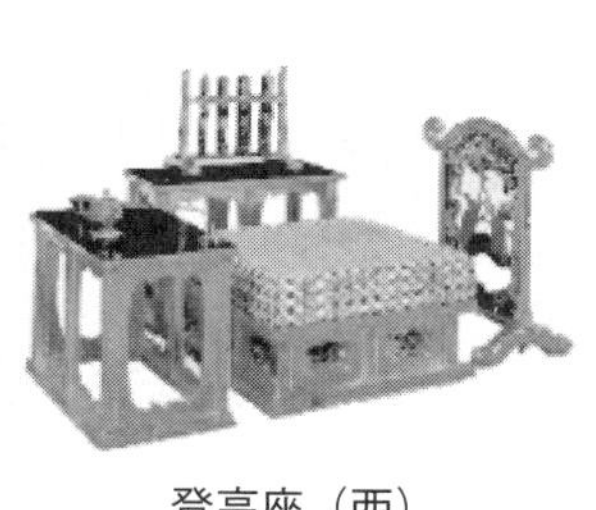

登高座（西）

登高座（東）

㉝西本願寺の御正忌報恩講は新暦の一月九日の逮夜から十六日満日中まで勤めます。東本願寺の御正忌報恩講は旧暦に準じているので、十一月二十一日の逮夜から二十八日満日中まで勤めています。

㉞西本願寺は降誕会を新暦五月二十一日（近年は二十日から二日間）勤めます。東本願寺は旧暦に準じているので、四月一日に親鸞聖人御誕生会を勤めています。親鸞の生年は著書の元号と年齢から逆算して算出できます。でも誕生日はどこにもでてきません。親鸞没後から四三八年経った宝永三年（一七〇〇）に、高田派普門が『高田絵伝最要』に、「高倉院承安三癸巳四月朔日」と示したのが誕生日の初出です。その根拠は順信の「下野縁起書」と記していますが、その「下野縁起書」はいまだに発見されていません。どうした理由かわかりませんが、西本願寺の玄智の『大谷本願寺通紀』と、東本願寺の慧旭の『宗祖世録』

御絵像（西）　御絵像（東）　阿弥陀如来（西）　阿弥陀如来（東）

が、四月一日の誕生説を採用しました。それ以降は旧暦四月一日、新暦五月二十一日が親鸞の誕生日と伝承されてきています。

㉟ 西本願寺の本尊は後光の下に舟後光（ふなごこう）（舟形光背）がありますが、東本願寺の本尊には舟後光がありません。微妙な違いがあるのです。興味のある人はお参りして確かめてみてください。

㊱ 絵像本尊の阿弥陀如来の頭上の角から角にのびている後光の本数は、東本願寺は六本ですが、西本願寺の後光の本数は八本です。よって、絵像本尊の頭上の後光の全本数には二本の多少の違いがあります。私はこれを知っておどろきました。興味のある人は両方の絵像本尊から後光の本数を数えてみてください。

㊲ 西本願寺は南無阿弥陀仏を「なもあみだぶつ」と発音しますが、東本願寺は「なむあみだぶつ」と発音しています。

㊳ 花瓶、香炉、蝋燭立の仏具は、西本願寺は黒っぽい色合いのものを使っています。東本願寺は金色のものを使用しています。

㊴　西本願寺の蝋燭立は銅に漆塗りの宣徳製の燭台です。東本願寺の蝋燭立は亀に乗った鶴が蓮軸（はすじく）をくわえている鶴亀燭台です。

㊵　西本願寺と東本願寺とも男性の数珠の持ち方は同じです。西本願寺の女性は数珠を二重に巻いて合掌した両手に輪をかけて、房を小指の下にたらします。東本願寺の女性は数珠を二重に巻いて、房を上にして合掌した両手にかけ、親指の左側に房をたらします。

焼香炉（東）

焼香炉（西）

大谷派（東）

本願寺派（西）

㊶　葬儀の位牌は西本願寺は、法名の両側に死亡年と月日を分けて書きます。東本願寺は法名の上に死亡年と月日を分けて書きます。

㊷　西本願寺は門主（もんしゅ）と書き、東本願寺は門首（もんしゅ）と書きます。同じ発音なのですが、漢字が違っています。おもしろいですね。

㊸内陣の障子を閉めるとき、西本願寺は金箔の扉を外陣に向けて閉めます。東本願寺は金箔の扉を内陣に向けて閉めます。理由はわかりませんが、真反対です。

㊹西本願寺の本尊の蓮台は青蓮華です。（※但し大谷本廟の本尊は白蓮台）東本願寺の本尊の蓮台は白蓮華です。

㊺西本願寺の七高僧は阿弥陀堂に三高僧二幅（龍樹・曇鸞・善道の一幅と天親・道綽・源信の一幅）と法然の一幅奉懸しています。但し、一般寺院の七高僧は一幅の御影です。東本願寺の七高僧は各一幅ずつ奉懸されています。

㊻西本願寺の納骨場所は大谷本廟（五条坂）です。東本願寺の納骨場所を大谷祖廟（円山（まるやま））です。

㊼西本願寺と東本願寺では僧班の名称が違っています。例えば西本願寺は列座、本座、上座、正座、特座、直座、親座、顕座の等級がありますが、東本願寺は入位、満位、法師位、権律師、律師、権僧都、僧都、権大僧都、大僧都、権僧正、僧正、権大僧正、大僧正の十三の大谷派教師の等級があります。

㊽　西本願寺はどの寺院も一般寺院と言います。東本願寺は由緒寺院と一般寺院に区別していると聞いています。

㊾　西本願寺の御仏飯の形は蓮の蕾（つぼみ）を模した蓮莟形（れんがんがた）です。東本願寺の御仏飯の形は蓮の実を模した蓮実形（れんじつがた）です。

㊿　西本願寺の得度許可年令は十五歳以上です。東本願寺の得度許可年令は九歳以上となっています。

(51)　西本願寺の得度は十日間の研修ですが、東本願寺は一泊二日です。

(52)　西本願寺の教師教習は十日間です。東本願寺の教師教練は前期と後期の二回それぞれ七泊八日の研修をうけます。

(53)　西本願寺と東本願寺の原点は一つです。それが江戸時代初めに分派しました。一般家庭で言うと西本願寺は本家で、東本願寺は分家というのですが。

(54)　西本願寺は金燈籠は「かなどうろう」といい、猫足（ねこあし）になっています。東本願寺は「きんどうろう」と言い習わして、蝶足（ちょうあし）になっています。

(55) 西本願寺の法名は男女ともに釈○○の三字です。東本願寺の男性の法名は釈○○の三文字、女性の法名は釈尼○○の四文字です。

(56) 西本願寺は「お供え物」と書き、東本願寺は「お備え物」と書きます。これは「供える」という文字に、「私が仏さまにさしあげる」という意味があるからです。本来、お仏壇のお飾りは、仏さまの心やはたらきを形にして私に示してくださるものです。お備え物も、私がさしあげて初めて完成されるのではなく、本来備わっているものを、私がさせていただいているという解釈をします。西本願寺の伝統ではお備え物を本来備わっているものとは解釈しません。お備え物は仏さまにたいする敬いの心を表すものと解釈するからです。お供えのお菓子や果物は、如来さまから恵まれたものといただくのですが、これは東本願寺と同じ味わいです。東西本願寺では仏さまに願い事をかなえてもらうための祈願を目的に供え物をするのではありません。おそらく東本願寺では祈願にならないようにという意識から「供える」という言葉を嫌っているのであろうかといわれています。どちらも有難いです。

(57) 西本願寺の教勢はどちらかいうと京都から中国・九州方面に寺院、門徒数が多い傾向がみられます。東本願寺は京都から東京・北海道方面に寺院、門徒数が多い傾向がみられます。

(58) 西本願寺の経卓の筆返しは丸みをつけているデザインです。東本願寺の経卓の筆返しは角ばったデザインをしています。

(59) 西本願寺の仏壇の屋根は一重ですが、東本願寺の仏壇の屋根は二重です。

(60) 西本願寺のお鈴（りん）を置く台は四角形ですが、東本願寺は六角形です。お鈴を打つ棒を置く位置について、西本願寺には決まりがありません。東本願寺はお鈴の中におさめるように決まっています。また、西本願寺はお鈴の下に鈴布団（りんぶとん）を敷きますが、東本願寺は雲輪（くもわ）という雲の彫り物が入った独自の仏具を使っています。

(61) 西本願寺の学階は得業、助教、輔教、司教、勧学です。興正寺は西本願寺と全く同じです。東本願寺の学階は学師、擬講、嗣講、講師です。

第三章　本願寺俯瞰

本願寺と山号

親鸞没後から十年目の文永九年（一二七二）に、娘の覚信尼が墓所を造りました。そして、曽孫の覚如が古堂を購入して、その墓所を寺院にして専修寺（せんじゅじ）の寺号額をかけました。ところが、比叡山から寺号が不適切であるとの理由で、寺号額を撤去するように求められました。これに驚いた覚如は、天台座主の般若公什（はんにゃこうじゅう）と話合いをしました。この話し合いの結果に比叡山は不満で、再び座主の仲介で話し合い、「新しい寺号に改め、今の寺号額は撤去する」ことで決着しました。下野高田系の安積（あさか）門徒の法智が撤去した寺号額を持ち帰って、下野（今の栃木県）の「わが寺」に掲げたと『存覚一期記』（龍谷大学善本叢書三）に伝えています。これは真宗高田派本山・専修寺の名のりです。今の古専修寺（こせんじゅじ）です。

本願寺の名が初めて認知されたのは元亨元年（げんこうがんねん）（一三二一）に、門弟が鎌倉幕府に提出した「本願寺親鸞聖人門弟謹言上」の愁申状(しゅうしんじょう)です。現在はこの元亨元年を本願寺公称の年と定めています。これから寺号額を撤去した正和元年（一三一二）から元亨元年の九年の間に専修寺から本願寺と寺号を公称していたことがわかります。

ご存知でしょうか。ほとんどの寺には山号と寺号があります。本山本願寺の山号は龍谷山で、寺号は本願寺です。玄智の『考信録』（『真宗全書』六十四）に、

龍谷山と唱ふるは、享保十五年九月、信解院宗主の命たるところなり。豅(おおたに)の字を開いて二字とせるならん。……大谷を豅と云うゆえに、龍谷と分つまでなり。

とあります。これは第十四代寂如が、本願寺が建っている地名の豅を二文字に分けて山号を龍谷としたことを伝えています。

また、『大谷本願寺通紀』（『真宗全書』六十八）に「龍谷山額、寂宗主親筆。元禄十五年九月二十六日。掛之仏殿(ぶつでん)」という記事があります。慶長八年（一六〇三）に徳川幕府から知恩院大改修のために、大谷本廟の移転命令がだされました。本願寺は三代（第十二代准如、第十三代良如、第十四代寂如）にわたり大谷本廟を整備してきたのですが、

九十一年の歳月をかけて元禄七年（一六九四）に大谷本廟が完成しました。そこで寂如は親鸞のご遺骨を御影堂から大谷本廟の明著堂（めいちょどう）祖壇に移しました。そして元禄十五年（一七〇三）九月二十六日に、大谷本廟の仏殿に自筆の龍谷の山号額をかけました。続いて享保元年（一七一六）九月五日に明著堂の額をかけて、現在にいたっています。

歴代宗主（門主）の諱と謚号

歴代宗主（門主）に諱（いみな）（生前の実名）と、謚号（しごう）（その人の生前の行ないを尊んで贈る称号）があるのを知っていますか。これについて、

本山歴代の宗主、覚如師より如の字を通称とし、実如師より光の字を諱に冐（かぶ）らしめ、証如師より信の字を廟号に冐らしめ（伝ふ良如師遺命して、特に教興を以て廟号と為す。蓋（けだ）し別に所見あるものか）たまひ。

と『考信録』に記事しています。

歴代門主の諱と謚号が、『法式規範』（一五八頁～一六一頁）に記載されています。そこから示しておきます。宗祖の初名は範宴ですが、法然門下から綽空とか善信と名のっています。宗祖の謚号は見真大師（けんしんだいし）（明治九年に明治天皇から謚号）です。第二代如信の諱と謚号は不明です。第三代覚如の諱は宗昭と豪摂です。第四代善如の諱は俊玄と宗康

です。第五代綽如の諱は時芸と尭雲で、賜号が周円上人です。第六代巧如の諱は玄康で、証定閣と称しています。第七代存如の諱は円兼です。第八代蓮如の諱は兼寿で、信証院と称しています。諡号は慧灯大師（明治十五年に明治天皇から諡号）です。第九代実如の諱は光兼で、教恩院と称しています。第十代証如の諱は光教で、信受院と称しています。第十一代顕如の諱は光佐で、信楽院と称しています。第十二代准如の諱は光昭で、信光院と称しています。第十三代良如の諱は光円で、教興院と称しています。第十四代寂如の諱は光常で、諡号は信解院です。

ところで、良如までの諡号は称○○院でしたが、寂如から宗主がご往生されると、次代の宗主（門主）が○○院の諡号を贈る慣習ができました。第十五代住如の諱は光澄で、諡号は信順院です。第十六代湛如の諱は光啓で、諡号は信暁院です。第十七代法如の諱は光闡で、諡号は信慧院です。第十八代文如の諱は光暉で、諡号は信入院です。第十九代本如の諱は光摂で、諡号は信明院です。第二十代広如の諱は光沢で、諡号は信法院です。第二十一代明如の諱は光尊で、諡号は信知院です。第二十二代鏡如の諱は光瑞で、諡号は信英院です。第二十三代勝如の諱は光照で、諡号は信誓院です。第二十四代即如の諱は光真、現門主専如の諱は光淳です。

本願寺のトラとサル

ご存知でしょうか。本願寺にトラとサルがいるのです。こう申すと首をかしげるでしょう。トラは御影堂の余間の九字名号と十字名号の前に置いている香卓のことです。一般に虎卓（とらじょく）と通称されています。おもしろいことに、この卓（しょく）の色も形も虎によく似ているのです。まるで虎がすわっているみたいにみえるそうです。こういうことから、この香卓をいつの頃からかトラとよぶようになってきたそうです。御影堂の余間に奉懸の九字名号と十字名号は、延宝二年の良如十三回忌に寂如自筆の掛軸で、幅六尺八寸、縦一丈八尺の大きな御軸です。この大きな御軸の前の虎卓はあまりに大きいので、いつも二人がかりで動かしているそうです。また、第二十一代明如が定めた衲衆（のうしゅ）の資格を持つ人が着る衲袈裟（のうげさ）が、トラによく似ていたので、その衲袈裟をトラとよんでいたそうですが、今は衲袈裟を着る人がいません。ご本山には他にもトラがいます。大谷本廟のご開山の御影は、虎石の上にすわっているのをご存知ですか。また、御影堂に隣接する建物で、参拝者が集まる場所を「龍虎殿」（「虎の間」）と申します。この「虎の間」の後方に庭園があるのですが、この庭を「虎溪の庭」とよんでいます。

次に本願寺のサルです。昔は御影堂の須弥壇の両側の端（勾欄の外側）に木製の燭台を置いて、その上に蝋燭立を置いていたそうです。燭台に点燭して御厨子の中を明るく照らして、参拝者が御真影様をできるだけ明るく拝礼できるようにするためでした。この燭台が猿の腰かけに似ているので、いつの頃からかこの燭台をサルと通称してきているそうです。御影堂の内陣が広くて暗いので、燭台と蝋燭立を出して明るくするためです。本願寺のお晨朝（朝の勤行）は、古くは勤行、開扉、供飯という順番に進めていたそうですが、現在は開扉、供飯、勤行の順番で進められています。昔は勤行が終わってから、御厨子が開かれて御仏飯が供えられていました。その後に参詣の人々が御真影様を拝礼していたそうです。開扉のときに御厨子の左右両側から蝋燭の明かりを照らして、御真影様がよく拝見できるようにしていたのです。

ところが『大谷本願寺通紀』が次のように記事しています。寂如時代の元禄五年七月二十七日に、御真影様の御厨子の前に金灯籠が二個かかりました。それから今までサルと通称していた燭台の使用を廃止にしました。お晨朝は金灯籠の扉をあけて、金灯籠の明かりを御厨子にむけて御真影様を照らすようにしています。参拝者の拝礼がおわると、金灯籠の扉を閉めて、金灯籠を正面に向けなおしをしています。このように寂如時代に金灯籠がかかってから、御真影様を照らしていた蝋燭の明かりは廃止になりました。現在は御正忌報恩講のときだけの期間限定で、サルが登場しているそうです。

勤式時代のノートをみると、まだまだおもしろいことを教えてもらっています。あと二つ紹介しますね。明治三十一年の一月一日の「御堂日記」に「辛螺」という言葉がでています。この字が読めますか。これはサザエと読むそうです。本願寺にサザエがいたのです。早朝の内陣は暗く経文などが見えにくいので、燭台を出仕人の前において明るくしていたので、この燭台をサザエといっていたそうです。

また得度式に使う黒塗りのまるい形の盥（たらい）があります。これには二本ずつ丸い棒がついています。それが角のような形をしているので角盥（つのだらい）といい習わしています。この盥に湯をそそぐ湯瓶があり、この二つの道具は古くから得度式に使われています。

阿弥陀如来像（ご本尊）の安置

いつごろ本願寺に阿弥陀如来像が安置されたのでしょうか。気になるのですが、その公式記録を読んだことがありません。建武三年（一三三六）に、唯善事件のあとに復興した大谷廟堂が焼失しました。そこで覚如は古堂を購入したのですが、この古堂は『御伝鈔』に記述されているような六角形ではありませんでした。宗祖のご遺骨を安置する寺院の体裁をした御堂に変わっていました。しかし、門弟は「宗祖のご遺骨を安置している廟堂なので寺ではない」という認識をもっていました。そういうことから本願寺に本尊の安置は必要ないという意見が大方でした。寺院の体裁を整えた本願寺なのですが、一般の寺院のように木像本尊はありませんでした。そこで、覚如は親鸞の意志を継いで十字名号を本願寺の本尊としていました。

覚如は十字名号本尊を阿弥陀如来像の本尊にかえて、一般寺院のようにしたいと門弟に相談をしましたのですが、この提案は受け入れられませんでした。本願寺を継職した善如や善如の父・従覚（※覚如と長男の存覚は考えが異なっていたため、存覚は二度も義絶されています。そこで覚如は弟の従覚に本願寺を継がせようとしたのですが、従覚はかたくなに固辞しました。蓮如までは従覚の名前が本願寺の歴代住職に記録されていましたが、実如時代に歴代住職の中から名前が消えたそうです）も、木像本尊に変えたいと門弟に相談をしています。本山本願寺に伝わる十字名号に蓮如の裏書で、「右この本尊は覚如上人の時代より本願寺の常住なり、本尊として今修復し奉る処なり」と書いてあるそうです。この十字名号は初期本願寺の本尊として安置されていたものです。

本願寺に本尊の阿弥陀如来像を安置するのが、覚如以来の大きな懸案でした。それが実現できたのは南北朝末期の第五代綽如（しゃくにょ）時代だろうと推測できます。阿弥陀如来像を安置したといっても、現在のような阿弥陀堂があったわけではありません。本願寺に阿弥陀如来像が安置された経緯を、次の高田派第七代順証の「専修寺文書（もんじょ）」の檄文（げきぶん）（※自分の主義や行動が正しいと人々に主張し、同意を求める文書です。専修寺の檄文をまとめて「専修寺文書」といいます。本願寺にも「本願寺文書」があります）からわかります。

定専坊主の時、大谷の坊主、御影をかたわらにうつし申し　候て、本堂には阿弥陀を立て申し候べきと候しを、定専、再三御申し候　によって、うちおかれ候に、いま又かようの御計い候間、先師の御申しのごとく歎き申し候へども、御用いなく候、いかように候べきやらん、談合申したく存じ候、専空坊主も大谷のかかる大事をば、御申しあわせ候けるとぞ承り候あいだ、その御意趣をそむき候わじと申しあわせ候けるとぞ承り候あいだ、その御意趣をそむき候わじと申さしめ候、諸事後信を期し候、恐々謹言さしたることなく候といえども、御先師のごとく、常々申し承るべく候に、その儀なく候の条、本意を失い候。

十一月廿日　　　　順証（花押）

惣門徒之御中へ進上候

という激しい内容です。本願寺が御影像を傍らに移して、本尊として阿弥陀如来像を安置しようと計画していると危惧していたが、定専のあとを継いだ順証時代に、「本願寺はみんなに反対されていた阿弥陀如来像をとうとう安置した。実に由々しき事態がおきたのでこれを何とかしなければならない」という内容の檄文です。この頃の本願寺は第四代善如から第五代綽如になっていました。そこで阿弥陀如来像が本願寺に本尊として安置されたのは、応安八年（一三七五）に寺務をひきついだ綽如の時代であろうと推測ができます。祖父の覚如時代、父の善如時代からくすぶっていた阿弥陀如来像を、本尊として御堂にようやく安置できたのです。この頃に浄土真宗の各本山が各地に相次いで誕生していたという背景がありました。このことによって、本願寺への関心が薄らいできたので、本願寺はすんなりと阿弥陀如来像を本尊にできたといわれています。

『大谷本願寺通紀』に「本願寺創建の頃の本尊は十字名号であったこと、門弟の乗専（じょうせん）の勧めで名号本尊を絵像本尊にしたこと」を伝えています。それでは現在の本尊がいつごろに安置されたのでしょうか。この答えを『大谷本願寺通紀』の「本尊阿弥陀仏木像」のところに見つけました。

本尊阿弥陀仏木像　長さ三尺。後雲光を具す。俗に舟後光と称す。青蓮台和様八稜稜九重座す。春日造なり。春日即ち稽文子、稽子国なり。……慶長十六年二月、東坊河内にて之を得て、進むる所の像なり。

と伝えています。第十二代准如が阿弥陀堂を再建した時に、東坊（※大阪にあった寺ですが、いつの時代にか消失したみたいです）が寄進した阿弥陀如来像を本願寺の本尊に定めたのです。これから阿弥陀堂に本尊が安置されたのは慶長十六年二月だとわかります。この本尊は現在まで変わることなく阿弥陀堂に安置されています。その理由は准如の遺命（遺言）を大切にまもり、歴代宗主がこの本尊を礼拝されてきているからだと聞いています。ご本尊の大きさは三尺（およそ一ｍ）で、仏師は春日ですが、実はこの春日は稽文子と稽子国の二人の合同の名前です。この二人は共に河内春日部邑（※現在の大阪府枚方市）の同郷であるところから、二人の名前をまとめて出身地の春日を称していると、玄智は『大谷本願寺通紀』で説明をしています。

　余談ですが、浄土真宗の本尊論争がありました。江戸時代中期におきた本尊論争です。正統視されていた本尊の学説をめぐり、播磨の学僧・智暹と学林でそれぞれの見解が示されて激しい論争がありました。もともと能化の日溪法霖が『方便法身義』『方便法身尊形弁』（『真宗全書』四十二）を著して、『観無量寿経』の住立空中尊に論拠をおいて、阿弥陀如来の立像を本尊とするべしと主張していました。釈尊が韋提希夫人のために「まさに苦悩を除く法を分別解説すべし」と述べると、その声に応じて、阿弥陀如来が観音と勢至の二菩薩を伴って空中に住立したまうた相が空中住立尊です。この住立している阿弥陀如来こそ、末代凡夫の我らが本尊と仰ぐべき本尊だと法霖が主張しました。この本尊義が本願寺の正統義としてゆきわたっていきました。しかし、法霖の没後に播磨の智暹が『浄土真宗本尊義』（『真宗全書』五十）を著して、日溪法霖の住立空中尊の阿弥陀如来に異義をとなえました。浄土真宗の本尊は『大無量寿経』の霊山現土の仏であるべきだと主張し、日溪法霖の教えを一益法門の異端であると批判をしたのです。霊山現土の仏は、釈尊が阿難に「形を整え、無量寿仏を礼すべし」と仰せられた時、阿弥陀如来は光明を放って一切世界を照らしたと『大無量寿経』

に説いています。それで阿難は威徳巍々とした阿弥陀如来の相好を拝しています。『大経』に説いている「この阿弥陀如来の御相を模して、浄土真宗の本尊とすべきである」と主張しました。この主張に法霖門下が邪義であると反発し、『浄土真宗本尊義』の絶版を本山に要求し、次第にこの本尊義が大きく紛糾してきました。ついに本山で両主張の言い分を聞いて採決することになりました。明和四年（一七六七）、第五代能化の義教を審判として、学林側から功存、継成、天倪などが出席し、智暹側から智暹、行界、泰乗などが出席しました。本山で二度にわたり対論をしたのですが、本尊論争もさることながら、問題が余義にもわたり結論をえることができず釈然としないままで終わっています。これが歴史に残る明和の法論です。明和五年に義教と智暹が亡くなり、最終的には第十七代法如の裁定によって、学林側の主張が認められました。現在は日溪法霖が主張した住立空中尊の阿弥陀如来が本尊として、どこの寺にも安置されています。同じ明和の頃に、大谷派の慧空が『叢林集』（『真宗全書』六十三）で名号本尊の義を高調し、真宗は名号をもって本尊と崇めるべきであるという主張をしています。

御蓮台

本山・阿弥陀堂の本尊の蓮台は何色かご存知ですか。ご本尊が古いものですから、蓮台は一見黒く見えるのですが青蓮華です。一般寺院のご本尊は本山と同じ阿弥陀如来像ですから、本山と同じように青蓮台だと認識しておいてください。ところが理由は不明ですが、大谷本廟のご本尊の蓮台はなぜか白蓮華です。仏や菩薩は五濁（※劫濁、見濁、煩悩濁、衆生濁、命濁のことです。「定善義」に五濁の中心は見濁と煩悩濁だと説いています）に染まらないことを表現して蓮華が仏の台座に用いられています。浄土は優鉢羅華（青色）、拘物頭華（黄色）、鉢曇摩華（赤色）、分陀利華（白色）の蓮が咲いていると経典に説いています。『阿弥陀経』に説いている七宝池に咲いている蓮華の色と同じです。優鉢羅華は『大経』に、「口気は香潔にして優鉢羅華のごとし」とあり、香気が全世界に芳しく香るといわれている蓮華です。また、分陀利華は白銀のように輝き、

香りは四方に満ちるといわれています。『観経』に、

> もし念仏するものは、まさに知るべし、この人はこれ人中の分陀利華なり。観世音菩薩・大勢至菩薩、その勝友となる。まさに道場に坐し諸仏の家に生ずべし。

と説いています。善導は念仏者の生きざまを、泥中に美しく咲く分陀利華に喩えて讃えています。大谷本廟のご本尊の蓮台が白色になっている理由は定かでありませんが、『観経』の説示から窺うと、このご本尊がありがたいです。

大谷本廟の仏殿（※本堂に相当する御堂ですが、本堂といわず仏殿といいます。その理由は本山本願寺の本堂は阿弥陀堂だけだからです）の本尊は、寂如が元禄九年（一六九六）に彫った仏像で、身の丈が二尺一寸あります。このことについて、『大谷本願寺通紀』に、

> 或云。仏師康雲造。畑浄玄造。蓋し宗主之を刻る。仏師をして之を修するなり。

と記しています。寂如自刻の本尊ですが、これを仏師の康雲が修正したものだと但し書きをつけています。本尊の胎内に寂如写経の『阿弥陀経』が納められているそうです。寂如自刻の大谷本廟の本尊の蓮台が白色なのは、寂如の何か深い意図があるので

はと私は思っています。『考信録』に、

本山本堂の蓮台は、青蓮にして、華葉に金色の宝珠あり。大谷の蓮台は白蓮にして、華葉の端少し赤し。山科も青蓮なり。門下へ賜はる木仏は金蓮なり。各々所由あるべし。華座観の説相を考るに、蓮華葉ことに百宝色をなすとあれば、純一色には非ず。葉間に摩尼珠ありと説けり。華葉の金珠これを表するか。散善義(さんぜんぎ)の巻尾の霊感の記には、見阿弥陀仏身真金色。在七宝樹下金蓮華上座とあり。法事讃(ほうじさん)には、行者見己心歓喜、終時従仏座金蓮とあり。金蓮になすもの、これらの文に合せり。白蓮は芬陀利なり。法華・悲華両経を譬にとるや。観経に念仏者の嘉称とするや。並に上々華の徳より起れば、これまた仏座の蓮たるべし。

と伝えています。

大御身と御転座

浄土真宗は報恩講を大切にしている宗旨ですが、この報恩講はいつから始まったのでしょうか。二十五歳の覚如が永仁二年（一二九四）に、自ら命名した本願寺で親鸞の三十三回忌の法事を勤めました。この時に『報恩講式（私記）』を著し、初めて報恩講の言葉が使用されました。これから今日まで報恩講の言葉が使われるようになっています。これが報恩講の起源です。そうですから、報恩講は親鸞のご法事を勤めているという想いでお参りすればいいのです。本願寺は毎年一月九日のお逮夜から十六日の満日中までの一週間勤めています。

あまり知られていない御正忌報恩講の行事を、豊原大成の『心の風景』を参照にして二つ紹介します。御正忌報恩講がはじまる前日に、門主だけが行われている非公開の行事があります。大御身（おおごしん）という行事で、何百年も継承されているそうです。この大御身は御真影様のよごれをおとす御身払（おみぬぐい）の行事です。御正忌報恩講前日の一月八日の晨朝後の午前九時から一時間ほどかけて行われているそうです。また御身払をされるときに、御真影様の数珠をかならず新しいものとつなぎ替える決まりがあるそうで、大御身と数珠のつなぎかえで、本願寺は歴史をつみかさねています。御真影様の数珠のつなぎ替えは大御身のときにすると定められており、このつなぎ替えをするのはお裏方の役目だそうです。御真影様の数珠の房は白絹糸で玉は白黒をいりまぜていますが、その房は御流蘇（ごりゅうそ）と特別な言い方をしているそうです。大御身の儀式が終わると、御影堂内の荘厳が整えられます。それから両余間に八幅の御絵伝が奉懸されます。そして翌日の九日にはお供物をかざって、午後二時に御正忌報恩講の初逮夜の法要が勤まります。

また御正忌報恩講中の一月十四日は蓮如の命日にあたります。それで南脇壇の歴代門主の御双幅（ごそうふく）を巻きおさめて、蓮如の御影だけを奉懸しています。そして十四日のお晨朝だけは、門主が南（左）に座を転じて出座されていました。これを御転座といいます。この時の登礼盤作法がいつもと異なっています。すなわち反対側の北側に着座されて、北側から進退されるのです。改暦前の御正忌報恩講の十一月二十四日は、顕如の命日に御転座が行われてきていました。ところが明治五年十二月三日に太陰暦から太陽暦への改暦があり、顕如の命日の御転座がなくなりました。それからは御遠忌法要の旧例に倣って、新暦の蓮如の命日にあたる一月十四日に御転座が行われるようになってきています。

本願寺の不思議

(1) 向拝柱の土台

御影堂の正面にある四本の向拝柱（ごはいばしら）の土台になっている石を沓石（くついし）といいます。向拝柱は一本の木材（百日紅（さるすべり））と思いきや、中は石だそうです。そう聞くと合点がいきます。そうでなければ、何百年も支えつづけるのはとても無理ですものね。

(2) 水噴きの銀杏

御影堂の前にある樹齢三百年をこえるといわれる大きな銀杏があります。普通、銀杏の木は上へ上へとのびるものですが、ご本山の銀杏は横に大きくひろがっています。この銀杏の木は逆につきたてられ、今のような恰好に生えてきているという伝承があります。そこで逆の銀杏といわれています。明治三十五年十一月二十八日に南隣の興正寺から出火して大火になった時に、この銀杏は水を噴いて御影堂を救い、木の周囲がぬれていたという伝説があります。

(3) 見残しの石

私はまだ見つけたことがありませんが、御影堂の正面の橋の近くの堀川の石垣のなかに不思議な石が一つあるそうです。それは轡(くつわ)の定紋(じょうもん)入り(円(まる)に十(じゅう)の字の紋)がある石なのですが、何人の人が気づいていますかね。これは石山戦争が和睦したあとに、薩摩の人が取り崩して持ち帰り、寄進の石垣の中に一つ忘れた石といわれています。これを見残しの石と伝えているそうです。

(4) つつじの太鼓

太鼓楼の大太鼓の胴が「つつじ」でできています。胴の直径が1mあまりもある「つつじ」の木でできた太鼓は、日本では大変珍しく不思議だそうです。

(5) 鶴亀の松

かつて、本願寺には鶴と亀に似た見事な二本の老松があったそうです。またの名を「語り合いの松」とよんでいたそうです。これは龍虎殿の前方に、銀杏とむきあう辺りにありました。昭和の初めに枯れて、残念ですが今はありません。

(6)　勅使門の唐門

勅使門の唐門には蜘蛛（くも）が巣をかけないといわれています。これは世に名高い左甚五郎（ひだりじんごろう）の彫刻なので、おそれをなして蜘蛛がよりつかないのであろうかとも言われているのですが…。

(7)　行儀の富士

飛雲閣の三階にある摘星楼（てきせいろう）の床に張り付けてある富士の図（狩野永徳の筆あるいは法眼元信の筆ともいわれる）あります。この富士山は真正面からは見えないですが、必ず正面にすわってすかして見ないと見えないそうです。豊臣秀吉もそうして見たといわれています。そこから行儀の富士の名がうまれたといいます。

(8)　見えかくれの月

飛雲閣の八景の間の床に張り付けてある狩野永徳筆の瀟湘（しょうしょう）八景の図があります。この図の中に月があるのですが、光線のぐあいで見えたり見えなかったりするそうです。

(9) 木造の龍頭吊（りゅうづつり）

境内の南東の鐘楼堂に国宝の梵鐘が吊ってあります。これは元は太秦（うずまさ）の広隆寺にあった梵鐘で、藤原通憲（みちのり）入道少納言信西の銘があります。元和六年（一六二〇）二月、准如時代に本願寺のものになっています。この鐘の吊手は木で造られています。あの重い梵鐘がよく木でもちこたえることができるというので不思議がられているのです。実は金の上を木でつってあるのが木造龍頭に見えたのでしょうか。この梵鐘は明治四十五年国宝に指定されています。

これ以外に本願寺の不思議といわれるものに総門の棟の天狗瓦、唐門の三面大黒、鬼の手水鉢（ちょうずばち）、中朱雀門（なかすざくもん）に雀が住んでいないなどがあります。

親鸞を看取った人たち

『御伝鈔』下巻の第六段に、

口に世事をまじへず、ただ仏恩のふかきことをのぶ。声に余言をあらはさず、もっぱら称名たゆることなし。しかうしておなじき第八日午時　頭北面西右脇に臥したてまひて、つひに念仏の息たえをはりぬ。

と、親鸞の最後の姿を描写しています。ご往生は弘長二年（一二六二）十一月二十八日（旧暦）、齢九十歳でした。ご往生は『御伝鈔』に午時（昼十二時前後の二時間）とあります。親鸞没後十三年後の『教行信証』「化身土巻」の末尾には未剋（午後二時の前後二時間）と書いています。また、安城御影の裏面に未時と書いているので、それを見た存覚は『存覚上人袖日記』（龍谷大学善本叢書三）に未時と書いています。およそ二時間の差なので気にすることもないと思いますが、釈尊の入滅が午刻だったので、『御伝鈔』

はこれに倣っているというのが大方の意見です。高僧の臨終にはいろいろな奇瑞を示している記録が多いのですが、親鸞の臨終は「ついに念仏の息たえをはりぬ」と実に淡々とした描写です。中世日本では極楽往生できたかどうかは死にざまで判断をしていました。臨終正念といって、心静かに安らかな臨終を迎えたかどうかで往生の可否を判別していたのです。往生の時には色々な奇瑞があったといいます。空に紫雲がたなびくなどの奇瑞があると、その人はまちがいなく極楽に往生したとみなされました。親鸞が書写した『西方指南抄』に源空（法然）が亡くなった時に、人々が見た奇瑞の夢の様子が書かれています。このように中世日本の浄土教の理解は、臨終のありようで往生したかどうかを判断していました。ところが、親鸞は浄土の教えを臨終正念から切り離していたので、一念の信心で往生が決定すると力説しています。つまり、臨終の奇瑞で往生の可否が決まるのではなく、信心ひとつで往生が決まると主張していた親鸞です。しかしながら、大勢は臨終の判断で往生が決まると考えられていました。親鸞の介護をしていた娘の覚信尼は何も奇瑞がないことに、ものたりなく不安だった

のでしょうか、母の恵信尼にそのことを手紙で尋ねています。それを読んだ恵信尼は、

されば御りんずはいかにもわたらせたまへ、疑ひ思ひまゐらせぬうへ、おなじことながら、益方も御りんずにあひまゐらせて候ひける、親子の契りと申しながら、ふかくこそおぼえ候へば、うれしく候ふ、うれしく候ふ。（「恵信尼消息」一通目）

という返事をしています。つまり、「ご臨終の様子がどのようであったにせよ、お父さんが極楽往生をされたことには疑うことがありません。また同じこと事とはいえ、息子の益方も臨終に立ち会えたのは、親子の契りとはいえ、やはり深い縁だと思います。いっそう嬉しく思いますよ」と、やさしく夫・親鸞の浄土往生は疑念の余地がないと諭しています。この手紙のおかげで、私たちは親鸞がどういう生き方をし、どういう人生を歩まれたかを窺い知ることができます。「ついに念仏の息たえをはりぬ」という描写は、紫雲たなびく奇瑞があったと伝えている伝記よりも、親鸞の平生業成の信仰と人となりをみごとに伝えているご臨終の描写と思います。それでは命が尽きればどうなるのでしょうか。『高僧和讃』に、

源信和尚ののたまはく
われこれ故仏（こぶつ）とあらはれて
化縁（けえん）すでにつきぬれば
本土にかへるとしめしけり

と、「本土（浄土）に還（かえ）る」と断言しています。そんな親鸞が余命を感じたのでしょうか。遺言状といわれる「親鸞聖人御消息」（三十六通目）が残っています。

このいまごぜんのははは、たのむかたもなく、そらうをもちて候はばこそ、譲りもし候はめ。せんし（善死に）に候ひなば、くにの人々、いとほしうせさせたまふべく候ふ。この文を書く常陸の人々をたのみまゐらせて候へば、申しおきて、あはれみあはせたまふべく候ふ。この文をごらんあるべく候ふ。このそくしやうばうも、すぐべきやうもなきものにて候へば、申しおくべきやうも候はず。身のかなはず、わびしう候ふことは、ただこのことおなじことにて候ふ。ときにこのそくしやうぼうにも、申しおかず候ふ。常陸の人々ばかりぞ、このものどもをも、御あはれみあはれ候ふべからん。いとひしう、人々あはれみおぼしめすべし。この文にて、人々おなじ御こころに候ふべし。あなかしこ、あなかしこ。

十一月十二日

ぜんしん（花押）

常陸人々の御中へ

という父親の心情があふれている手紙です。前日の手紙（三十五通目）の今御前の母に、「常陸の人たちに手紙を書いておいたので、それを見せなさい」と書いています。今御前の母は覚信尼です。文中の即生房は覚信尼の異母兄にあたる人と思われます。流罪以前に生まれた即生房と、身辺の世話をしている覚信尼の扶助を常陸の同行に依頼をしている手紙です。彼らが送ってくれる懇志を、自分が死んだ後にも引き続いて支援をお願いしたいという内容です。実際に常陸の門弟たちは親鸞の往生のあとに、覚信尼と即生房を支援しています。親心が痛いほど伝わってくる手紙です。

ところで、親鸞の最後は誰が看取ったのでしょうか。そのことを明示している史料はありません。そこで「御絵伝」第四幅第三図などから親鸞を看取った人を推測してみました。

(1) 実弟の尋有（親鸞は実弟の尋有が住職をしていた善法坊でご往生された）

(2) 末娘の覚信尼（晩年の親鸞を世話をしていました）

(3) 子息の益方（ますかた）善性（恵信尼の代理で、越後から上洛して見舞っていました）

(4) 門弟の顕智（尋有の手紙で見舞いに上洛していた。専修寺本『教行信証』の奥書に親鸞の収骨を書いています）

(5) 門弟の専信（尋有の手紙で見舞いに上洛していた。専修寺本『教行信証』の奥書に親鸞の収骨を書いています）

(6) 常随の蓮位（いつも親鸞に付き添っていた門弟です）

(7) 在京の門弟二〜三人（名前まで特定できません）

おそらくはこの七〜八人に看取（みと）られたのではないでしょうか。因みに西本願寺蔵の『善信聖人絵』をみると臨終に立ち会っている人はごく少数の人です。葬儀は『御伝鈔』

下巻第六段に、「洛陽東山の西の麓鳥部野の南の辺、延仁寺に葬したてまつる。遺骨を拾ひて、おなじき山の麓、鳥部野の辺、大谷にこれををさめおはりぬ」と伝えています。でも、火葬した延仁寺がどの辺にあったのかは正確にはわかっていません。真宗本廟（東本願寺）は今の東山区にある延仁寺をその後進と認知していますが、本願寺は西大谷の本廟から東に墓石の間をとおりぬけたところに延仁寺があったと推定をしています。しかしながら延仁寺のどこで火葬したかは不明です。そこで現在は東西本願寺がそれぞれに荼毘所跡を指定して保存しています。

両御堂の出現

ご本山といえば、まず阿弥陀堂と御影堂の大きな両御堂を思い浮かべますね。本願寺、真宗本廟（東本願寺）、専修寺などの各本山に両御堂が建っています。それでは本願寺に御影堂と阿弥陀堂の二つの御堂が、いつ頃に建ったのでしょうか。（※江戸時代の初期に知恩院が寺地拡張したため、本願寺が大谷に存した頃の風光は現在は偲ぶべくもありません。京都白毫寺に伝わる応永時代の地図に、白毫寺の一廓の内に「親鸞廟堂　本願寺」と載っています）

両堂建立について『実悟記』（『真宗聖教全書』三）は、次のようにふれています。

古へ本願寺の御坊は東山なり。青蓮院の門跡の御近所なり、いまに草房あり。巧如上人・存如上人・蓮如上人の御代までの御坊也。蓮如上人若くましましき比までは、彼御坊に御座ありき事也。巧如上人の廿五回忌も東山にてましましきと見へたり。彼東山の御房の指図を敬聞坊は覚られけるを、顕証寺蓮遵の所望によりせけれけるを、拙者も若年にて写置侍りしかども、亨禄の乱に失侍る也。凡阿弥陀堂ばかりは覚ける間、注侍るなり、阿弥陀堂は山科の野村にてのも同大きさ。三間四面也、内は九間也、向は東の方一間、六尺の縁に三尺の小縁あり。其外の三方は三尺の小縁までなり。内陣の畳まはり敷にて侍りしなり。御影堂も内陣の大きさは同九間にて、畳まはりじき、野村にてのも同き也、脇の押板（おしいた）も二間なり、已上五間四面の御堂也、其外は三尺の小縁四方にありけると也。御亭もちいさく、其分量指図おぼえず、御亭と御堂との間に廊下ある中程に亭（ちん）あり、是を竹の亭（ちん）と云。黒木造の麁相（そそう）のちん也、といへり、惣じて御坊中もせばくちいさく、当時はそれ程のちいさき坊は一家中の諸国の坊にも有間敷よし沙汰にて侍りき、御坊中の女中方の御入候つれども、いづ方に女方衆御入候ともみえず、人あるともなく、さびさびと御入候つる、などとその折節の事、敬聞坊龍玄は物語候し事なり。

と、阿弥陀堂が御影堂と別々に建てられたと、実悟が慶聞坊龍玄（きょうもんぼうりゅうげん）から聞いたと記しています。また『本願寺作法之次第』に、「御坊中にいづくに女房衆御入候共見えず候き」

とも、「大谷殿は本堂　阿弥陀堂　三間四面、御影堂は五間四面也、ちいさく御入候つる事に候」と慶聞坊からの所伝を記しています。これによると、御影堂は五間四面、阿弥陀堂は三間四面の建物で東向きに建っています。北地に廟堂があったので北に御影堂、南に阿弥陀堂が建てられたみたいです。規模は大きくありませんが、すでに阿弥陀堂と御影堂が整っており、後方に大谷一族の住坊が建っていました。諸国が飢饉のなかで資金募集に苦しみながら、大谷の御影堂や坊舎の造営をすすめる存如自筆の書状が真宗本廟（真宗大谷派）に残っているそうです。この書状は宛名を欠いて、月日だけですが、おそらく永享十年（一四三八）であろうと推定されています。この年は存如が四十三歳の時です。父の巧如はなお存命でしたが、一昨年に譲り状を授けていま す。この東山大谷の両御堂は寛正（かんしょう）六年（一四六五）に比叡山衆徒によって破却されました。蓮如は文明元年（一四六九）に京都から近江の大津三井寺境内の近松坊舎に、難を避けるために親鸞の真影を安置してもらいました。山門比叡と寺門三井は同じ天台宗でしたが長い間対立しており、お互いに牽制しあっていました。御真影様の避難所としては、近松坊舎が恰好の場所であったのです。本願寺は諸事情で転々と寺基を移転していますが、存如以来の御影堂と阿弥陀堂の二つの御堂形式は、どこに移転しても継承されています。

阿弥陀堂

堀川通りから本山本願寺を眺めると、右側（北側）に阿弥陀堂、左側（南側）に御影堂が建っています。本願寺の阿弥陀堂と御影堂は真宗伽藍の典型といわれています。他宗の伽藍とは少し趣が違っています。天台宗や真言宗の伽藍のように大陸の寺院の建築様式をうけついだものではありません。真宗寺院は内陣（ないじん）と外陣（げじん）を明確に分離して建てられているところに特徴があります。つまり、内陣を少し高くして内陣の両側に余間（よま）を設けて、外陣は内陣よりも広くなっています。天台宗や真言宗の寺院は僧侶が修行をするために建てられたものですが、真宗寺院は少しでも多くの人が参拝できるように設計されているのが特徴です。

本願寺は大坂退去の後、紀州鷺ノ森に移り、三年余りしてから泉州の貝塚に移転し、さらに五年後には大坂天満に坊舎を構えて六年間を過ごしました。数年間に三度も寺基を移転して、ほんとうに落ち着く暇がありませんでした。ところが、五年後に顕如四十九歳の天正十九年正月に、京都に寺基を移転することになりました。これは豊臣秀吉の京都市街計画の一部として立案されたことによります。『言経卿記(ときつねきょうき)』（東京大学史料編纂所編『大日本古記録』）に、

正月二十日……本願寺殿今日より京都より御下向也、従関白殿、寺内可被相替之由有之、然者下鳥羽より下淀より上之間、何れの所なりとも、御好次第に被定、堤構等又御堂等普請等可被仰付之由、殿下より被仰了、当年中に可被引也有之、然共可被急歟(や)、各迷惑〳〵

と記されています。これによると豊臣秀吉は必ずしも現在地に寺地を指定したのではないようです。ただ下鳥羽(しもとば)より上で京都に近い場所に移転するようにと指示しています。そこで間もなく顕如は寺基選定のために上洛して、現在地に移転先を決定しました。そこで天満の御影堂を京都の現在地に移転して、阿弥陀堂は新たに造営しました。『法流故実条々秘録』（『新編真宗全書』三十）に、

天満より当地六条へ御移住以来、御堂御対面所等、次第に美麗に成申候、元和三年十月廿日の炎上までは、阿弥陀堂は南にありて、屋禰（やね）はこけら葺也、御影堂は北にあり、瓦葺也、御影堂の北に茶所あり、面之（おもての）御門之内に二重屏有て、両御堂の御門別々にあり、阿弥陀堂の御門は、扉の上の彫物の孔雀彩色なり今台所門之東に之方にある門是也御影堂の御門扉之上の彫物は竹に虎也彩色無之ケヤキ木地也鐘楼は南に有り、御対面所は今之所也、慶長十三年准如上人二十二才御対面所建なりをり、結構に成候、其時迄は上壇も無之、御門跡様御着座之所に、常の畳の厚さの畳一畳被敷候計也、床（とこ）其外之張付薄彩色の絵也金なる所は少も無之　其時新しく立申候御対面所は、当時同前也但三間に二間也今は三間也東之御庭作庭今同前　右之両御堂御対面所等元和三年十二月廿日夜戌刻より焼失　悉皆炎上也

……

と京都に移住した当時の本願寺両堂の様子と、准如の時の火災までを記しています。

阿弥陀堂は本山本願寺の本堂です。阿弥陀堂だけを唯一本堂とよぶのは、一宗の本

尊である阿弥陀如来像を安置しているからです。天正十九年（一五九一）、豊臣秀吉から現在地に寺地寄進を受けて、文禄元年（一五九二）に阿弥陀堂と御影堂の両堂が完成しました。ところが、慶長元年（一五九六）に伏見大地震で御影堂と諸堂が倒壊したのですが、翌年に御影堂が再建しました。ところが『法流故実条々秘録』に大坂から寺基を現在地に定めてから二十六年後の元和（げんな）三年（一六一七）に、失火から阿弥陀堂と御影堂、対面所などが焼失したこと、翌年に十二間の阿弥陀堂が再建したこと、阿弥陀堂に本尊を安置し、御真影様は御影堂が完成する次代の良如まで阿弥陀堂に安置していたことが記されています。時が流れて、第十七代法如は親鸞聖人五百回大遠忌法要の記念事業に阿弥陀堂の新築を計画しました。寛延二年（一七四九）の三月から十二年の歳月をかけて、宝暦十年（一七六〇）の三月に完成したのが現在の阿弥陀堂です。『考信録』にその規模が記されています。それによると、阿弥陀堂は東西が二十一間二尺四寸八歩、内法（うちのり）は十四間半一尺四歩（およそ三十九m）です。南北が二十二間六尺四歩、内法（うちのり）は十五間二尺七寸八歩（およそ四十二m）です。梁の高さが二十四mあり、とてつもなく大きな本堂です。単層入母屋造り本瓦葺で正面に向拝があります。円柱が五十八本（金丸柱が二十二本）、角柱は七十四本、柱の総数は一三二本です。外陣の畳の総数は四百九十二枚です。（※今回の平成大修復で使用した瓦は総数が九万六千三百十二枚です）内陣は本願寺の絵師・徳力善水が、金箔を押して彩色を施しています。

中央に阿弥陀如来立像が、青蓮台の和様八稜九重座に安置されています。内陣は五間四面あり、須弥壇の正面が一丈四尺、奥行きが一丈二尺もあります。宮殿は正面が九尺、奥行きが六尺あります。これはおよそ十畳敷の須弥壇の上に、三畳敷の宮殿があるようなものだと聞いたことがあります。本尊に向かって右脇壇には、寂如の依頼で狩野洞雲が貞享三年二月に描いた龍樹、曇鸞、善導の三高僧の一幅が奉懸されています。本尊に向かって左脇壇には、寂如の依頼で狩野養朴が貞享三年二月に描いた天親、道綽、源信の三高僧の御影の一幅が奉懸されています。（※なお、右脇壇と左脇壇の六高僧の御影の讃銘は寂如の自筆です。）

北（右）の余間には聖徳太子の御影が奉懸され、この御影は宝暦十年（一七六〇）に法如自らが描いたものです。聖徳太子の御影の讃銘は法如の自筆です。また、南（ご本尊に向って左）の余間には源空（法然）の御影が奉懸されています。法如が聖徳太子の御影と同時に自ら描いた御影です。源空（法然）の讃銘も法如の自筆です。

御影堂

真宗各派の阿弥陀堂と御影堂の位置をみてみると、本願寺派、興正派、木辺派は阿弥陀堂が御影堂の右に建っています。他の大谷派、高田派、仏光寺派、出雲路派、誠照寺派、三門徒派、山元派はその逆の配置となっています。また、本願寺は「ごえいどう」と呼んでいますが、他派や浄土宗の呼び名は「みえいどう」と呼ぶところが多いみたいです。御影堂は御真影様（親鸞のお姿を彫っている木像）を安置している御堂です。

各本山の御影堂に安置されている祖像は親鸞の御自作だと伝承していますが、私には信じられません。各本山の御真影様はみな木像ですが、一般寺院の親鸞はほとんどが御影です。かつて江戸時代の明和七年十月に江戸の寺社奉行から、本願寺に本山に安置している祖像の作者を問われたことがありました。そのことを『考信録』に、

明和七年十月江戸に於て、寺社司より本山祖像の作者を問はれし時も、寛元元年

十二月二十一日、宗祖の自作なりと、築地の録所より答へたりと、親鸞自作と明確に答えたと伝えています。また、「本山祖像の伝」に、西六条の御真影は、聖人七十歳にて御刻あり。首尾の後。覚信尼公へつかはされたる像なりと。この説は、譲状と年時相違せり。

ゆづりわたすこと

身のかわりを譲渡すものなり。さまたけをなすべき人なし。努々わつらひあるべからず。後のためにこのふみをつかはすなり。穴賢

寛元元年十二月二十一日　親鸞御判

彌　女　江

と御真影様について由来を伝えています。『山科連署記』（『真宗法要』）、『叢林集』（『真宗全書』六十三）、『真宗故実伝来鈔』（『真宗全書』六十三）に、御真影様は荼毘の灰を漆にまぜてぬりこんでいると伝えています。そこから骨肉の御影という言い方が伝承されています。『山科連署記』に、

往古関東二十四輩にかぎらず、御寿像あまた御座候共、別して御渇仰は御骨をもって彩色され候御木像なり。即御姿を拝し、聖人根本の御姿を、眼前に拝し奉ること、御在世に逢奉ると渇仰忝けなきなり。

と「眼前に宗祖と逢い奉る思いがして、ありがたい」と記しています。また本山の古老から「一天無二の御真影様」という言い方を聞いたことがあります。

この御堂は祖師堂とか大師堂ともいわれています。元和三年の大火災から十六年過ぎた第十三代良如時代の寛永十年（一六三三）の六月に起工して、寛永十三年（一六三六）八月に完成しました。現在の御影堂です。『考信録』にその規模が記されています。これによると御影堂の大きさは東西が二十四間半四寸五歩、内法は二十間余り（およそ四十五ｍ）、梁行は南北が三十一間半四寸五歩、内法は二十二間半（およそ五十七ｍ）、梁の高さが二十七ｍもあって、阿弥陀堂よりもさらに大きな御堂となっています。単層入母屋造りの本瓦葺で正面に向拝があります。柱は丸柱が四十一本、角柱が一二六本、金丸柱が六十本、柱の総数が二二七本もあります。外陣の畳の総数は七百三十四枚です（※今回の平成大修復で使用した瓦の総数は十一万五千枚です）。内陣は外陣と金障子で一直線に区画されています。内陣の金障子の左右両側は金襖が十二枚あります。この襖絵は徳力善秀（とくりきぜんしゅう）と善雪（ぜんせつ）の父子、弟子の善左衛門（ぜんざえもん）の三人によって、左側の六枚に雪中の梅竹が濃彩色で金地に描かれています。また右側の六枚は雪中の老松が濃彩色で金地に描かれています。

御影堂の中央に御真影様が安置されています。内陣は正面が五間で奥行きが六間もあり、須弥壇は正面が一丈六尺、奥行きが一丈四尺もあります。お厨子は正面が九尺、奥行きが六尺あります。これは阿弥陀堂の宮殿と同じ大きさです。この大きさは十二畳の須弥壇の上に三畳敷のお厨子があるようなものだと聞いたことがあります。お厨子の中には御真影様が安置され、その身の丈は二尺五寸あまりですから七十五㎝ぐらいです。この宗祖像を御真影様と特別なよびかたをしています。

御真影様に向かって右（北）の脇壇には前々門主の第二十三代勝如の御影が奉懸されています（※ここの脇壇は前門主がご往生されると、新しい御影を加えて奉懸するならわしです）。

左（南）脇壇には第二代如信から第二十二代鏡如までの歴代宗主の御影が奉懸されており、二幅なので御双幅とよばれています。御真影様に向かって右余間に帰命尽十方無碍光如来の十字名号が奉懸されています。これは寂如が前門主良如の十三回忌に書いたものです。紺紙金泥（こんしきんでい）で四十八道光が描かれ、青蓮院尊照親王が上下に讃銘を書き加えています。御真影様に向かって左余間には南無不可思議光如来の九字名号が奉懸されています。この名号も寂如自筆で、上下に青蓮院尊照親王が讃銘を書き加えています。

少し気になるのですが、本堂の阿弥陀堂よりも御影堂がどうして大きいのでしょうか。『考信録』（『真宗全書』六十四）は、

本山に祖師堂を大にし、阿弥陀堂を次にする事、祖師の本廟なるを以てのなり。専修寺、仏光寺、その外知恩院、知恩寺、新黒谷又は粟生光明寺等の諸山みな然なり。しかれども本堂は弥陀堂なり。実悟記の中に本堂と称せり。その制はやや祖堂より減ずるといえども、尊前に布置せる諸荘厳具は祖堂よりも備蜜なり。課

誦等の儀、みな本堂を先とす。

と説明をしています。また、慧空の『叢林集』（『真宗全書』六十三）は、

御本寺の祖師堂は大にして阿弥陀堂は小なること、愚俗是を怪しむ。それ本寺は御本廟なれば大衆会の場なり。大なるべし、厳たるべし。堂の大小にて尊卑をいうべからず。知恩院等余流の本寺その例一同なり。

という説明をしています。御影堂が阿弥陀堂よりも大きい理由は、「祖師の本廟なるを以てのなり」「御本廟なれば大衆会の場なり。大なるべし、厳たるべし。堂の大小にて尊卑をいうべからず」ということからです。とりわけ廟堂なので少しでも多くの人に御真影様を拝礼してもらうということから、御影堂の方が本堂の阿弥陀堂よりも大きく造られているのです。

聖徳太子と六高僧の御影

浄土真宗の各本山に参拝して、七高僧の様式が一様でないのに気づきました。例えば本願寺は三高僧の御影が二幅と源空（法然）の一幅が奉懸されています。真宗本廟（東本願寺）は七高僧が各一幅ずつ奉懸されています。仏光寺の七高僧はそれぞれが木仏です（年に一度公開されると聞いています）。また、錦織寺の七高僧は四高僧と三高僧の二幅で奉懸されています。どうしてそうなっているのかその理由はわかりません。各本山の七高僧の敬い方にもそれぞれの特徴があるのですね。『改邪鈔』に、

仏法示誨（じげ）の恩徳を恋慕し、仰崇せんがために三国伝来の祖師先徳の尊像を図絵し、安置する事これ又常のことなり。

とあるので、覚如時代に七高僧等の影像を安置していたことがわかるのですが、初期真宗は本尊のみを安置して、宗祖の御影、七高僧の御影は安置することはあまりなかっ

たようです。しかし、蓮如時代になると宗祖の御影の安置が許されています。それは『蓮如上人御一代記聞書』一〇四条に、

> おなじく仰せにいはく、聖人の御影を申すは大事のことなり、昔は御本尊よりほかは御座なきことなり。信なくはかならず御罰（ごばつ）を蒙（こうぶ）るべきよし仰せられ候ふ。

という蓮如の言葉から知られます。ただ七高僧の御影を奉懸する理由は、『改邪鈔』にあるように、七高僧が伝統と己証（こしょう）をふまえて念仏の教えを伝えていることへの感謝からです。また浄土真宗の教えと関係がないのに、浄土真宗のお寺に十六歳の聖徳太子の御影がかならず奉懸されています。これはなぜなのでしょうか。この理由を『御伝鈔』上巻第三段に、

> かの二大士の重願、ただ一仏名を専念するにたれり。今の行者、錯（あやま）りて脇士（きょうじ）に事（つか）ふることなかれ。ただちに本仏を仰ぐべしと云々。かるがゆゑに上人親鸞、傍らに皇太子を崇めたまふ。けだしこ仏法弘通のおほいなる恩を謝せんがためなり。

と説明をしています。すなわち聖徳太子は日本に初めて三宝を興隆された人で、親鸞

は聖徳太子を和国の教主と崇めていました。真宗寺院に聖徳太子の御影を奉懸しているのは、親鸞が崇めた和国の教主の浩恩を忘れないためなのです。

さて、蓮如時代の御影堂には七高僧と聖徳太子の御影の二幅が奉懸されていました。そのことを『真宗故実伝来鈔』（『真宗全書』六十三）に、

太子、高僧は、蓮如上人の御時より免ぜらるるとみへたり、其前は、或は光明本、或は連坐の御影を免ぜらるるとみへたり、………蓮師の御時、初は太子・法然・六祖三幅也、其後の御免は、太子一幅、七祖一幅、二幅に免ぜらる、併ら御列座、今の通りに非ず、

と伝えています。また慧琳の『真宗帯佩記』（しんしゅうたいふうき）（『真宗全書』六十三）に、

御堂に七高僧の御影かかりたる時も候ひつる。蓮如往生五六年は御堂にかかり申候。七高僧にては御入りなくて。法然上人をのけて、六高僧にて。野村殿に本堂にかかり申したることに候。又曰く。蓮如上人御往生のみぎりは………一周忌第三年の比。その内の比より。法然上人の御影は本堂にかかり申すことに候。

と伝えています。『実悟記』（『真宗聖教全書』三）も同様のことを記しています。蓮如時代から聖徳太子と源空、六高僧の御影三幅が御影堂に奉懸されてあったみたいですが、実如時代に聖徳太子、源空、六高僧の三幅が御影堂から阿弥陀堂に移されています。

本願寺は元和三年に大火災があり、鐘楼以外の本願寺の建物が焼失してしまいました。それ以降に三幅の御影がどうなったのでしょうか。そこの事情を『大谷本願寺通紀』が伝えています。時の宗主准如は聖徳太子の御影を自らが描いて、絵師の徳力善宗に聖徳太子以外の六高僧の御影一幅を依頼しています。そして、准如は再建した阿弥陀堂の両脇壇に聖徳太子と六高僧の御影を奉懸しました。それに定専坊寄進の源空（法然）の御影に讃銘を書いて、南の余間に奉懸しました。

その後、第十四代寂如が貞享三年に絵師の狩野養朴と狩野洞雲に、祖父准如が定めた六高僧一幅を新たに三高僧に分けて二幅に描くように依頼をしました。阿弥陀堂の右脇壇に狩野洞雲が描いた龍樹、曇鸞、善導の三祖高僧の御影を奉懸しました。また、左脇壇に狩野養朴が描いた天親、道綽、源信の三祖高僧の御影を奉懸しました。そして、脇壇にあった聖徳太子の御影は南の余間の源空の御影と並んで奉懸されるようになりました。時が流れて、第十七代法如が親鸞聖人五百回大遠忌を勤めたのですが、その前年の宝暦十年に法如自らが聖徳太子と源空の御影を描きました。これが阿弥陀堂に現在奉懸されている聖徳太子と源空の二幅の御影です。北（右）の余間には聖徳太子の御影が奉懸されてあり、南（左）の余間には源空の御影が奉懸されています。

六老僧

五十九歳の蓮如が吉崎に滞在の文明五年（一四七三）に、「正信念仏偈和讃」を日常の勤行にすると定めました。それから本願寺は現在まで朝夕に「正信偈」を勤めています。『真宗故実伝来鈔』に、

正信偈和讃は何の頃より勤め初めしぞや、答ふ、是れ又其の始めをしらず。是れ蓮師以前より勤行とせしと見へ、御文に曰く、和讃「正信偈」をもて本とすべき由、是れ又えせといへる言なるべし。たれたれ用ゆへからずとの玉ひければ、已前より有りしと見ゆ。但し六首引と事の定りしは、蓮師以来なり。彼上人六時礼賛に順じて、六首和讃を定め、節譜は敬聞坊を大原へつかはされ、声明を習練せさせ、念仏和讃を節付させられけるとくや。（ゆりかずの多くなりぬるは実如上人の御時ときこゆ）

と伝えています。蓮如以前にも和讃を誦していたようですが、この時代は一定の法式

がなく、地方の慣習に従いながら簡単な節をつけて誦していたにすぎなかったようです。六時は一日を六分した時間帯の区分なのですが、日没、初夜、中夜、後夜、晨朝、日中のことです。『漢語灯録』（『真宗聖教全書』四）に「日没は申時、初夜は戌時、中夜は子時、後夜は寅時、晨朝は辰時、日中は午時なり」と説明をしています。現在の時刻だと午後四時、午後八時、午後十二時、午前四時、午前八時、正午に相当します。本願寺で毎日六回の勤行をしていたのです。これを毎日お勤めするのは大変な重労働です。承元の法難にでてくる住蓮と安楽は『往生礼讃』のお勤めの上手さで有名でした。二人が『往生礼讃』を勤めるとたくさんの男女が群がり、そのすばらしい音声に聞きほれて感動の涙を流して念仏をしていたという伝説が残っています。また『和語灯録』（『真宗聖教全書』四）諸人伝説の詞に、

隆寛律師のいはく、法然上人のゝたまはく、源空も念仏のほかに、『阿弥陀経』を三巻よみ候き。一巻は唐、一巻は呉、一巻は訓なり。しかるを、この経に詮ずるところただ念仏申せとこそとかれて候へば、いまは一巻もよみ候はず。一向念

仏を申候也と……

と、源空（法然）は念仏する傍らに『阿弥陀経』漢音、呉音、訓読と三巻を読誦するが日課でしたが、次第に称名念仏だけの生活になってきたことを伝えています。

本願寺は創立当初から善導の『往生礼讃』を勤行してきていましたが、蓮如は吉崎時代に「正信念仏偈和讃」を朝夕二度の勤行にきりかえました。このことを『実悟記』に、

当流の朝暮の勤行、念仏に和讃六首加へて御申候事は近代の事にて候。昔もかようには御申ありつる事ありげに候へども、朝暮になく候つると、きこえ申候。存如上人御代まで六時礼讃にて候つるとの事に候。………文明の初比まで、朝暮の勤行には六時礼讃を申て侍りし也。然に蓮如上人越前之吉崎へ御下向候ては、念仏に六種御沙汰候しを承候てより以来、六時礼讃をばやめ、……

と記しています。蓮如は慶聞坊龍玄を比叡山の西麓高野川上流にある大原に派遣して魚山声明（ぎょざんしょうみょう）を習得させました。そして文明五年（一四七三）蓮如五十九歳のとき、「正信念仏偈」と「和讃」を開版しました。それ以来今日に及んでいます。

ところが、日常のお勤めを「正信念仏偈」にした当初は、大変な苦労があったみたいです。『本願寺作法之次第』（『真宗聖教全書』三）に、

当流の朝暮の勤行、念仏に和讃六首加へて御申候事は近代の事にて候、昔も加様には御申ありつる事有に候へ共、朝暮になく候ひつる、ときこえ申候、越中国瑞泉寺は、綽如上人の御建立にて、彼等にしばらく御座候つる、と申伝候、其後、住持なくて、御留守の御堂衆はかり三・四人侍りし也、文明の初比まで朝暮の勤には六時礼讃を申て侍りし也、然に蓮如上人、越前之吉崎へ御下向候では、念仏に六首御沙汰候しを承候てより以来、六時礼讃をばやめ、当時の六首和讃を致稽古、（瑞泉寺の）御堂衆も申侍し事也、然ば存如上人の御代より六首の和讃勤に成申たる事也、実如上人の御時、四反かへしと申勤、いまの六反かへしより二返みじかくはかせ御入候ふつる、と申候、慶聞坊へ覚たる歟と御尋候て、末々御門徒衆には申させられ度、との仰にて候へ共、慶聞坊わすれ申たるとの御返事申されて、四返かへしの沙汰もなくて果申候き、

と、当時の苦労話を伝えています。現代と違ってほとんどの人は読み書きができない時代でした。親鸞の教えがあますところなく凝縮している「正信念仏偈」を日常勤行にしたことで、お勤めの声が耳に届けば、お参りの人はそのまま親鸞の教えが味わえたのです。今でいうところの視聴覚伝道のはしりです。寺離れがささやかれている現代にこそ、この原点にもどって「正信偈」のお勤めの声を人々に届ける努力が必要な時なのかもしれません。

山科本願寺ができるまでは、六老僧や二十四輩の子孫が関東から上洛して、本願寺の勤行のすべてを担当していたようです。『真宗故実伝来鈔』に本願寺の創建以来の勤行は六老僧、二十四輩の子孫が行なっていたことを伝えています。山科本願寺時代から本山本願寺の勤行体制が整い、勤行を専門にする御堂衆（みどうしゅう）という部署が設置されました。それで六老僧にかわって御堂衆が本願寺の勤行のすべてを担うようになりました。本願寺の法要は門主の親族が内陣出仕をしているので、御堂衆は外陣で出勤していました。法要のないときの勤行は、六人の御堂衆が勤行をしていると『実悟記』は伝えています。これは六老僧への感謝を忘れないためであったのでしょうか。また、歴代の門主は勤行の時に後に御堂衆を座らせていると『大谷本願寺通紀』が伝えています。寂如時代に御堂衆の名称が堂達（どうたつ）と改められました。さらに明治時代になって堂達は知堂（ちどう）または讃衆（さんしゅう）と改称されて今日におよんでいます。今の本願寺には六老僧の制度はありません。

御仏飯

釈尊の日常生活を記録した『僧祇律（そうぎりつ）』という本があります。そこに「如来一食を以ての故に身体軽くして便ち安楽住を得」と書いてあります。これは釈尊が一日に一食の生活をしていたことを伝えているのです。私たちが毎日御仏飯をお供えして正午までにさげるのは、釈尊の一日一食（昼食）の生活に倣っているからです。宇井伯寿の『道安の研究』を読んでいたら、最初に御仏飯を供えることを提唱したのは、中国五代十国時代の後晋（こうしん）の道安だと紹介していました。他宗では御膳といい、いろいろなものを仏前にお供えたりしていますが、当流は御仏飯だけをお供えするのが特徴です。

仏祖前にお供えする米飯を一般にお仏飯とよんでいますが、このほかに仏供とか仏餉（ぶっしょう）とも言います。お仏飯を盛る器具は真鍮や陶器でつくられています。これを仏器とよんでいます。お仏飯をお供えすることを上供（じょうぐ）といい、おさげすることを下供（げぐ）と言

います。この上供と下供について『考信録』に、

本山に仏供を奉るの式は、晨課後にこれを供へ、巳時(みのとき)にさげらる。報恩会等は不断供にして、餅菓等の供物に准ずるに似たり。爾るに仏の食事は正午時なり。故に仏弟子はみなこれに則とり正午時に斎食すること、緒経律、近くは法苑珠林……実には正午時(しょうごどき)に下ぐべきなれども、午時(うまのとき)をまつあひだに、もし障縁ありて中をすぎなばかえって非法となるべき故に。ついに巳時に下げるの式となるならん。（仏飯を供する事、報徳の義は勿論なり）

と述べています。本願寺は明治時代までは、お晨朝（朝の勤行）のあとにお仏飯を供えしていたみたいです。現在はお晨朝の直前に、ご門主がお供えになっています。もし門主がご出仕でないときは侍真(じしん)（※御真影様の鎰(かぎ)をあずかる役職）が代わってお供えしています。現在はそのお仏飯を午前九時ころにおさげしているそうです。御真影様への御仏飯は御影供(ごえいぐ)と特別な言い方をしています。ただ、一昼夜以上の法要を勤める時、平常の場合のお仏飯を下供して、その後に逮夜に上供しているそうです。そして翌朝

の晨朝前後に上供して、日中のお勤めが終わってから下供するのが通例だそうです。

研修会でよく「仏前のお仏飯はどうして二つなのですか」と聞かれたことがありま す。こういうことも知っておけばいいのかもしれません。これは上卓が四具足だからです。四具足なので、中央に蝋燭立と火舎があり、その両方に供えるから二つお供えしているのです。でも二つのお仏飯としなければならないわけでもないそうです（※実に味気ない伝え方です。私は許される範囲で法義の味わいから、仏前の二つの御仏飯の意味を阿弥陀如来（慈母）と釈尊（慈父）に供えている。これは釈尊の教え（経典）を通じて、阿弥陀如来のお慈悲をよろこぶ身になったことへの感謝をあらわしていると伝えています。拙著『本願寺の故実』を参照ください）。

どうしてお仏飯を毎日お供えするのでしょうか。習慣だからと言わないで、その理由を次世代に伝えてくださいね。玄智は『考信録』に、

一は本尊に奉って報謝の意より供養をなす。二は無縁に施す。三は自己の食事をなすにあたり、所謂お初穂を奉るの意ならぬ。これ蜜行の作法なれども理準すべ

し。当流には仏飯を供えることは報徳の義は勿論なり。

と、お仏飯を供える三意義を述べています。さらに明伝の『百通切紙（ひゃくつうきりがみ）』（『浄土顕要鈔』）

（正徳三年写本『浄土真宗教典志』二）は当流の上供の意義を的確に説明しています。

御鉢を供えたてまつることは、我等が命は飯食の恩なり。この飯食の恩にて命ながらへて、か丶るめでたき仏法聞くなり。爾（しか）るに行者の不死の薬は飯食なれば、我が重んずるところの飯食を如来にさしあぐるなり云々。

というところに注意してください。お仏飯を供える意義を明確に説明しています。私たちはこのことを理解し、次の世代に伝えておくべきだと実感しています。ただ親からうけついだ習慣で、ご先祖にお仏飯をお供えしているというのでなく、この私が仏法に遇（あ）う尊いご縁なのだと自覚しておいてください。お米を食するおかげで私の命が長らえることができるのです。命が長らえているから尊い仏法を聞くことができるのです。そうだから、お聴聞からこの命が終わるとき仏に成らせていただく命だということを信受してくるのです。このことを理解しておけば、お仏飯をお供えする毎日がありがたいですね。家の誰かに聞かれたら、ちゃんと答えられるようにしてください。

お仏飯の盛り方には二通りがあります。蓮莟形(れんがんがた)と蓮実形(れんじつがた)です。蓮莟形は蓮のつぼみのように円錐形（おむすびの形）に盛りあげます。これは本願寺や専修寺が毎日お供えしている形です。この形は下に張り上のほうが丸くぼんでいるので、捏(つく)ね仏供ともいわれています。本願寺では前卓または上卓に上供するときのお仏飯台は使用しないのが普通です。蓮実形は円筒形で蓮の実を模している形です。蓮の実は下よりも上が大きく、竹筒のものにいれて押し出して仏器におさめるのが普通です。別名突き仏供ともいわれています。真宗本廟（東本願寺）が毎日お供えしている形です。お仏飯は毎朝にお供えするのが望ましいのですが、種々の事情でそれができなかった場合は、ご飯を炊いたときにまず最初にお仏飯をお供えすることが大切です。

門徒の意味

門徒にはどういう意味があるのでしょうか。若い頃に辞書で調べたのですが、納得の答えはありませんでした。ある先生との会話から、「一門の徒輩を省略して門徒」、あるいは「同門の徒弟を省略して門徒」と教えられて、ホッとしたのを覚えています。門徒は在家信者だけを指している言葉ではないのです。僧侶も在家もともに阿弥陀如来の救いを信仰している仲間という意味で門徒というのです。『考信録』に、

俗家の檀越を、門徒と称するは、多分に従ふの義ならん。蓮師消息に、坊主門徒と分かちたまへるも、俗家のこととみゆ。実を剋すれば門徒とは弟子といふがごとし。道俗ともに教へを受けるものはみな門徒なり。

とこのことを説明しています。『高僧和讃』の源空讃に、

源空光明はなたしめ

門徒につねにみせしめき
賢哲（けんてつ）・愚夫（ぐふ）につねにみせしめき
豪貴（ごうき）・鄙賤（ひせん）もへだてなし

と、念仏の教えを共有する仲間という意味で門徒と言っています。門徒という言葉が市民権を得たのは、「御文章」の教化のおかげといわれます。考えてみたいことがあります。どうして五帖八十通の御文章の最初に「門徒弟子の章」が配置されているかということです。最初にこの御文章をもってきているのにはきっと深い意味があるはずです。最初の「御文章」は『御文章』全体に貫いている門徒の精神を周知徹底させたいという意味があるのかもしれません。門徒を別の言葉でいえば御同朋・御同行ということです。『歎異抄』に、

親鸞は弟子一人ももたず候ふ。そのゆゑは、わがはからひにて、ひとに念仏を申させ候はばこそ、弟子にても候はめ。弥陀の御もよほしにあづかって念仏申し候ふひとを、わが弟子と申すこと、きはめたる荒涼のことなり。

という有名な言葉がありますが、これが門徒の意味です。あたりまえに上下関係を語っていた師弟関係を否定しています。念仏者は阿弥陀如来の前では、身分の上下関係がない仲間だと言っているのです。「門徒弟子の章」で、『往生論註』の「仏恩を一同にうれば、信心一致のうえは四海みな兄弟なり」の文が引用されています。これは『歎異抄』が伝えている門徒の意味をよりあきらかにしている言葉だと思います。門徒と同じ意味をもつ御同朋・御同行には、すべて念仏者は阿弥陀如来を親としている兄弟・姉妹であるという意味があります。

また、「門徒もの知らず」ということを聞いたことがありませんか。これは「門徒もの忌み知らず」からきていると言われています。この「もの忌み」は日の吉凶、方位・墓相などの迷信・俗信のことです。巷で流行の迷信・俗信に生活態度が左右されないのが真宗門徒の生き方の特徴です。「悲歎述懐和讃」に、

かなしきかなや道俗の
良時・吉日えらばしめ

天神・地祇をあがめつつ
　卜占祭祀つとめとす

とありますが、もの忌みの風習に惑わされない生活をするようにと誡めているところです。「門徒もの知らずというから、門徒は何も知らなくてもいい」ということでは決してありません。こんな言葉をかけられると、バカにされているように聞こえてきます。これは言う人も言われた人も、本当の意味を知らないのです。江戸時代に太宰春台（だざいしゅんたい）という儒学者がいました。彼の『聖学問答（せいがくもんどう）』（『日本思想大系』三十七）に、

　一向宗の門徒は、弥陀一仏を信ずること専らにして、他の仏神を信ぜず、いかなることありても祈祷などすることなく、病苦ありても呪術符水を用いず……

という浄土真宗の信者の生活態度は江戸時代中期には珍しいもので、その生活ぶりを高く評価しています。このことについて、龍谷大学の森竜吉が『親鸞随想』の中で考究しています。「門徒もの知らず」の本当の意味は、「門徒は忌み事に惑わされない生活をしている」ということで、迷信・俗信に縛られていないすばらしい生き方を讃え

た言葉なのです。

太宰春台がいうように、「門徒もの忌み知らず」は迷信に縛られない念仏者の生活態度を讃えた言葉なのです。念仏者の生活態度をみると、迷信の虜にならない生き方をしている人が多くいました。当時としては珍しい生き方でした。太宰春台はこのような生き方に何故おどろいたのでしょうか。その答えは簡単です。江戸時代に法座があったのは浄土真宗のお寺だけだからです。浄土真宗のお寺がある地域の人は「もの忌み」に縛られないで生きていたのです。浄土真宗のお寺はお聴聞中心ですが、他宗のお寺は僧侶が修行をする処でした。浄土真宗の信仰はお聴聞を通して阿弥陀如来のお救いを共有して獲信することを生命線としています。因縁果の道理を聴聞しているので、蔓延している迷信から遠ざかる生活ができたのです。

浄土真宗のお寺は他宗のお寺とちがって、多くの人が聴聞できるように外陣を広くとっています。お寺参りから迷信に振り回されない生き方を身につけていたのですね。今の時代の私たちは、先祖が願うこの尊い生き方を今一度ふりかえるべきです。一人でも多くの人に尊い仏法を聞かせていただけるところがお寺なのです。そうですから、お寺参りすることを宝の山に入ると言います。宝の山にはいって、虚しく手を空にして帰るのでなく、お念仏の宝物を手にして、迷信俗信に迷わされない生活ができるように心がけたいものです。

「御文章」の基礎知識

「御文章」は蓮如の手紙です。親鸞の教えがわかりやすく説いていますが、同時に異安心を破邪顕正しています。初めての「御文章」は、蓮如が四十七歳の寛正二年に、近江の道西（のちに善従と改名）にあてたものです（※お筆始めの御文章といわれます。「帖外御文章」第一通目）。最後の「御文章」はご往生の前年で法敬坊と空善にあてた明応七年十二月十五日です。つまり、八十五歳の生涯のうち三十七年を費やして、親鸞の教えを二百六十五通前後の「御文章」を書き続けて人々を浄土真宗に導いてきました。「御文章」を書いたのは『蓮如上人遺徳記』（『真宗聖教全書』三）に、

> 寛正初歴の比より末代の劣機を鑑みて経論章疏師資の銘釈を披閲し、愚凡速生の肝腑を摂取して数通の要文をつくり給へり。これ末代の明灯なり。偏に濁世の目足なり。しかれば祖師聖人より以来、一念帰命のことはりを勧といへども念持の

義ををしへず。爰(ここ)に先師上人この義を詳にして無智の凡類をして、明らかに難信金剛の真信を獲得(ぎゃくとく)せしむることを致す。

と、その目的を示しています。ここの「念持の義」の念とは憶念のことで、持は執持のことです。つまるところ、念持の義は信心のことをいっているのです。「信心とはなにか」をあきらかにするために、「御文章」が書かれたと理解しておればまちがいありません。それでは具体的にどういうことなのでしょうか。『蓮如上人御一代記聞書(ごいちだいきききがき)』一八八条に、

聖人の御流は、たのむ一念のところ肝要なり。たのむといふことをば代々あそばしおかれ候へども、くはしくなにとたのめといふことをしらざりき。しからば前々住上人の御代に、「御文」を御作り候ひて、「雑行をすてて後生たすけたまへと一心に弥陀をたのめ」と、あきらかにしらせられ候ふ。しかれば御再興の上人にてましますものなり。

と示されています。つまるところが、蓮如が念持の義をあきらかにしているのは、親

鸞の教えの肝要は「たのむ一念」にありますが、ここのところが代々「なにとたのむ」のかが明らかでありませんでした。そこで蓮如は「雑行とは何かを明きらかにするため」に「御文章」を書いたのです。つまり私の後生の一大事の解決をするために、念持の義を明きらかにしたのが「御文章」の中心なのです。

蓮如がいう後生には永生（えいしょう）の楽果と、ながき世まで地獄におつる事の二義があります。人生は地獄の苦しみからのがれて、浄土の楽果を得ることに帰結しています。永生の楽果をえるには、

弥陀如来を一心にたのみたてまつりて、その余の仏・菩薩等にこころをかけずして、一向にふたごころなく信ずるばかりなり。

の信心によらねばなりません。「御文章」の「たのむ」はおたすけをお願いすることではありません。阿弥陀如来の本願力を「たより」とすることが「たのむ」という意味なのです。「たのむ」は信心を和語でわかりやすく表現しています。このことを『唯信鈔文意』に、「本願他力をたのみて自力をはなれたる、これを唯信といふ」と説明

をしています。『教行伝証』の「行巻」六字釈で、帰命の帰の御左訓（ごさくん）に「よりたのむなり」「よりかかるなり」と示しています。自力を捨て他力に帰する廃立（はいりゅう）の信心を「たのむ」と蓮如は表現しています。「たのむは本願他力をたよりとする」ことであり、阿弥陀如来の本願力にまかせる信心を「たのむ」と言っているのです。これから「御文章」についてみてみます。

㈠　空華学派の道隠（どうおん）が『御文明灯鈔（おふみみょうとうしょう）』（『真宗叢書』十）に、

⑴　末代の凡愚を誘引するために。（どんな人にも念仏の教えが伝わるように書いた）

⑵　邪路を捨て正路（しょうろ）に帰せしめるために。（親鸞の教えを誤解し信じている人に、親鸞の真意が伝わるように書いた）

⑶　相承の安心を光顕するために。（浄土真宗の安心を明らかにするために、タノムの安心の相承をタスケタマヘと示した）

と「御文章」製作の目的をまとめています。

㈡　「御文章」の正しい呼び方

「御文章」「御文」「御消息」「宝章」「勧章」「御書」などと、まちまちの呼び方があります。第十四代寂如が貞享元年（一六八四）九月二十五日改版の『御文章』の奥書に、「此五帖一部之文章者（このごじょういちぶのぶんしょうは）」と記しました。本願寺はこれ以後は、ここの「文章」に敬語の御（おん）の字をつけて「御文章」とよぶようになりました。真宗本廟（東本願寺）は「文（ふみ）なので敬語の御をつけて「御文（おふみ）」とよんでいると聞いています。でも御文章のよびかたには決まりがないので、呼び方にあまりこだわらなくていいと思います。大事なことは蓮如が何を伝えたいのかをいただくことです。

㈢「御文章」の数

「御文章」には『帖内御文章』『帖外御文章』「夏（げ）の御文章」「御俗姓」の四種類があります。散逸したものもあり、正確な数はわかりません。

① 『大谷本願寺通紀』（玄智）二百六十五通
② 『蓮如上人御文全集』（禿氏祐祥）二百六十六通
③ 『蓮如上人遺文』（稲葉昌丸）二百二十一通と真偽未定十四通

④『法の花　かぜにそよぐ』（霊山勝海）二百五十二通

㈣『帖内御文章』と『帖外御文章』

二百数十通の「御文章」のなかから、大事な教えが書いてある八十通を選んで編集したのが『帖内御文章五帖八十通』です。「夏の御文章」四通と「御俗姓」をのぞく御文章を『帖外御文章』（『真宗聖教全書』五の拾遺部下に百三十九通、『真宗史料集成』三に二百七十四通を載せています）といいます。『帖内御文章』の構成は、

(1)　第一帖目（文明三年七月十五日から、文明五年九月二十二日までの十五通）

(2)　第二帖目（文明五年十二月八日から、文明六年七月九日までの十五通）

(3)　第三帖目（文明六年七月十四日から、文明八年七月十八日までの十三通）

(4)　第四帖目（文明九年正月八日から、明応七年十一月二十一日までの十五通）

(5)　第五帖目は年月日がついていない二十二通

私たちに馴染みの深い「御文章」のほとんどが第五帖目におさまっています。『帖内御文章』にない「御文章」を『帖外御文章』にまとめています。『帖外御文章』の

最初の「当流上人の御勧化の信心の一途は………」が、道西に与えた「御筆始めの御文章」です。何故『帖内御文章』にいれてないのか気になります。神子上恵龍がこれについて「帖外御文章の教義的研究」（龍谷大学編『蓮如上人研究』）に、

①　一応は教義を述べているが、その内容は検討すべきである。

②　使用している用語に教義上の疑問があるもの。

③　文相がかたいもの。

④『帖内御文章』と同じもの。

⑤　個人的な内容を述べているもの。

⑥　単に歴史的な記録であるもの。

⑦　聖教からの抜き書きだけのものであるから除外している。

と述べています。ここからおおまかなことがわかるはずです。

㈤『帖内御文章』を編集した人

編集者は次の二説がいわれています。

(1)『紫雲殿由縁起』に蓮如の孫の円如が編集したという説。

(2)『永玄聞書』に原型が蓮如によってでき、実如によって増補されたという説。

ですが、今は(2)の説にかたむいているようです。

(六)「御文章」には何が書いているのか

「御文章」に一貫している教えは、『大経』の本願成就文と善導の六字釈の教えです。安心は本願成就文から説いて、その証明には六字釈の教えからしています。帰命の「たのむ」相承を「たすけたまへ」と説いて、私が阿弥陀如来をどのようにたよりとするかを説明しています。つまるところは私が信心をどのようにいただくかを明らかにしたのが「御文章」といえます。「たのむ」は「たのみにする」ことで、これは無疑とか信順相の意味です。「たのむ」は阿弥陀如来を祈願するのでなく、本願招喚の勅命に信順をするという意味です。蓮如はこのことを、「後生たすけたまへと弥陀をたのむ」と信心を説いています。今までは信心を「たのむ」と表現されてきているのですが、どのようにたのむのかが具体的に明らかでありませんでした。そこで蓮如は第五帖目第九通に「雑行(ぞうぎょう)をすてて後生たすけたまへと一心にたのめ」と具体的に指示しています。他力信心の「たすけたまへ」は、親鸞や覚如にはありません。「たすけたまへ」は本願の信心をひらいている和語で、阿弥陀如来に信順する他力安心の相(すがた)をあらわしている言葉です。「たのむ」も「たすけたまへ」も帰命の解釈からきていますが、「たすけたまへ」は「かならず救う」という阿弥陀如来の本願招喚の勅命が先にあります。その阿弥陀如来の救いの喚(よ)び声をうけいれた心相をあらわすのが、「たすけたまへと阿弥陀をたのむ」ことなのです。

㈦『御文章』の開版

五帖八十通の『帖内御文章』のほかに『御加(おくわ)え御文章』が開版されています。最近は拝読用三十五通の『御文章』もでています。『蓮如上人御一代記聞書』に最初にを花押を加えて門弟に御文章を授けたのは実如であると伝えています。しかし、『真宗故実伝来鈔増補』(『新編真宗全書』史伝編一)に実如時代は『御文章』の開版はなかったので、八通ずつ授け、あるいは写した御文章に花押を加えていたと伝えています。御文章の開版は編集が完了から十数年が経ってからです。どうやら本願寺が大坂の石山に寺基を移転後のようです。『蓮淳記』（『蓮如上人行実』所収）に、

越前の吉崎にていよいよ仏法ひろまり申さふらひて、御文を御つくられさふらふ事は、安芸法眼申さふらひて御つくりさふらひて、各有難く存さふらふ。かるがると愚痴の者のはやく心得まひらせさふらふやうに、千の物を百に選び百の物を十に撰ばれ十の物を一に、早く聞き分け申様にと思召され、御文をあそばしあはされて、凡夫の速に仏道なる事を仰せ立てられたる事にてさふらふ。開山聖人の御勧化今一天四海にひろまり申す事は、蓮如上人の御念力によりたる事候也。

と記しています。蓮如は浄土真宗を広めるには御文章をもって教化の中心とすることを、吉崎時代にその効果を確かめながら決意していることがわかります。それだからでしょうか。「御文章」のおよそ40％が吉崎時代に書かれています。御文章を浄土真宗の安心（あんじん）の定規（じょうぎ）とさだめ、道俗勧化の方途となるように決意をしたのが吉崎時代だとみることができます。まさに『蓮如上人御一代記聞書』末の一七七条に、

御文はこれ凡夫往生の鏡なり。御文のうへに法門あるべきやうに思ふ人あり。大きなる誤りなりと云々。

と諭されている通りです。御文章は凡夫が浄土に往生できる私たちの道標といえるものです。「御文章」の一々は親鸞の教えの精要が抽出されて法門の全体をかかげています。蓮如の教化はこの「御文章」に尽きているといえます。大法に契同するだけでなく、私たちの理解する能力に相応しています。誰でもが理解でき、ただ聞いて素直にうなずけるように親鸞の教えが説かれている「御文章」です。一言一句が万人にひびいてきて、すべての人に「命の行方」をあきらかにしています。

(八)「あなかしこ」について

御文章のほとんどの文末に「あなかしこ」が連続して二回書かれています。『五帖八十通帖内御文章』で「あなかしこ」がないのは二通だけです。この「あなかしこ」にはどんな意味があるのでしょうか。「あなかしこ」は「あな」と「かしこ」の合成語です。「あな」は「あら、あら」とか「なんと、まぁ」という意味がある感動したときに発する感動語だと辞書にあります。「かしこ」は恭敬の辞なのですが、二つの意味があります。一には「おそれおおい」とか「もったいない」という意味です。二つは「慎むべし」とか「尊びながら秘すべし」という恐懼謹言（きょうくきんげん）の意味があります。そうですから、「（仏になれようのない私が、阿弥陀如来の救いによって仏にならせていただけるとは）もったいないことです」とか、「（仏になれようのない私が、阿弥陀如来の救いによって仏にならせていただけるとは）おそれおおいことです」という意味になります。最後に「あなかしこ　あなかしこ」と恭しく二回続けていただくことに注意をしていてください。これは阿弥陀如来のお救いをかみしめる総括といえる言葉なのです。第二帖目第一通の最後に、

のちの代（よ）のしるしのためにかきおきし
　　のりのことの葉（は）かたみともなれ

という歌から蓮如の願いを心にうけとめて、襟を正して恭しく「御文章」に接して拝読したいものです。

「御文章」の拝読

本願寺教団の礎を築いた蓮如は、何通も「御文章」を書きました。これを縁ある人に読み聞かせるという手法で、たくさんの人々を浄土真宗に導いたお方です。「御文章」による効果はおそらくはるかに想定を超えたものでした。ある時の事です。病気療養中の蓮如が、枕元の慶聞坊龍玄（※蓮如の葬儀に導師を勤めた門弟）に、「御文章」を読んでほしいと頼んだことがあったと『実悟記に書いています。

慶聞坊に何ぞよみきかせと仰あれば、御文をとりいだし、御堂建立の御文を三遍よみ申されければ、あら殊勝やと仰せらるといへり。

と、感動しながら念仏をしている蓮如の姿を伝えています。自分が書いたものなのに、それを聞いて阿弥陀如来のお救いをよろこんでいる蓮如の姿を想像すると眩しく思います。

勤行の後あるいは法話の後に、必ず「御文章」を拝読する決まりごとがあります。この決まりごとはいつ頃から始まったのでしょうか。『真宗帯佩記』（『真宗全書』六十四）に、次のような記事がありました。

下間駿河入道をめして、御使として御堂衆へ仰出され候。勤後にて御文をよみても讃嘆すべし。まず讃嘆しても御文よむべし。讃嘆の中にも、御文よむべし。御文よまずして、讃嘆ばかりもすべし。一様にはすべからずと仰出され候て、毎朝の様体かはり候つる。その比は慶聞坊法敬坊勝尊祐信坊などみな候しときのことなり。

と伝えています。この記事から知れるのは、蓮如の後を継いだ実如の時から、勤行の後に「御文章」を拝読するようになったようです。しかしながら、必ずしも拝読をしなければならないというほどではなかったようです。また、『真宗故実伝来鈔』に、上人御往生の前に、山科南殿にて仰せられけるは、何にても御到耳有度由(おんみみにいたりありたくよし)、仰せければ、慶聞坊、兼て上人のあそばされし御消息の十通計りよみまひらせたれば、

> 其時、上人仰せられて曰、不思議なるかな、吾書たるものなれ共、今到耳すれば、甚だ殊勝なり。我ながらしあとにても是を読て人々に信をたらすべし。聖教といはんもおそれあり。文章といはんも又た其聞え、ただ文（ふみ）といふべしと仰せられ。殊更（ことさら）実如上人へ其旨、御遺言在せしかは。御遷化の後、実如上人、蓮師のあそばれたる御文をとり集めたまひて、其中に別して殊勝なるを取揃へたまひて、巻を五巻にわけ、諸門下へたまはりけると……証如上人の御代には五帖一部書本にて御判なり。顕如上人の御時、開判なり。又御俗姓は各別なり。

と興味深い話を伝えています。第九代実如は散在していた「御文章」を蒐集して五帖八十通にまとめた宗主です。第十代証如が『御文章』を初めて開版をしました。第十一代顕如は「御文章」の拝読を教化伝道の基盤にすえていたというのです。現在のように法座の終わりに必ず御文章を拝読するようになったのは後代のことです。『考信録』に、

> すべて法談の尾（あと）には肝要を御文（おふみ）に譲って必ず之を読む。実に万代不易の法と云ふ

べし。たとひ法談には説者の意楽（いらく）により小差を存すとも、御文を定規（じょうぎ）とすれば安心に相違あるべからず。

と記しています。実にもっともです。法話には説者の得手と不得手な内容があります。そこで法話のしめくくりに「肝要は御文章をいただきます」と言上して、恭しく「御文章」を拝読する決まりごとができてきたようです。その理由はどんなに熟練をつんだ布教使や住職・僧侶でも、経験の浅い布教使や住職・僧侶でも、御文章を安心（あんじん）の定規として、お聴聞の同行と共に阿弥陀さまのお救いを味わっていかねば法座が完結しないからです。「布教使は人に教える師であってはならない。いつも如来さまのお心を伝える使いでなければならない」と、諭された先生の言葉を肝に銘じて、私は長年いつもご法縁をいただいてきました。

「領解文」の基礎（追記「新しい領解文」の発布）

法座の終わりに「領解出言」の声とともに、参詣者一同が「領解文（りょうげもん）」を唱和されることが多いです。浄土真宗の教えをまとめている大事な「領解文」です。口にだしておれば、浄土真宗の教えが自然に染み込んできます。法座に積極的にお参りして、領解出言を大衆と共に大きな声をだしてみてください。今ではなじみの深いこの「領解文」の原型は、蓮如の作だと伝えられています。領解とは『安心決定鈔』に、

阿弥陀仏の凡夫の願行を成ぜしい晴れを領解するを、三心ともいひ、三信ともとき、信心ともいふなり。阿弥陀仏は凡夫の願行を名に成ぜしゆへを口業にあらはすを南無阿弥陀仏といふ。かるがゆへに領解も機にはとどまらず、領解すれば仏願の体にかへる。

とあるように、み法（のり）を正しく領受した信心のことです。領解は領受解了（りょうじゅげりょう）を省略した言

葉で、自督安心（じとくあんじん）を表わしているから領解文といいます。これは「私はお念仏の教えをこのようにいただいています」ということを表明している言葉なのです。お念仏の理解を各人がバラバラに口に出せば大変です。そこで同じ安心を口にだして唱和する領解文ができました。領解文の唱和は同じ安心であることを、参詣者一同が声に出して表明している姿なのです。浄土真宗では安心を領解ともいい、信心と同じ意味に領解という言葉を用いています。法座の最後に「領解出言」の言葉に続いて、全員が領解文を唱和して、安心が同じであると確かめているのです。『実悟記』に、

> 御影前には五十人・三十人候て、第一坊主改悔候て、次に其外人一人づつ前へ出られ、坊主衆の中をわけられをかれて、前にすすみ、諸人改悔候間、一人づつの覚悟申され、聴聞申候に、殊勝に候し。縁などより申候は不可然候、一大事の後生の一儀を縁の端などより被申候は不可然とて、一人宛前へ出て改悔名をなのり高らかに被申候て、一人ひとりの覚悟も聞え殊勝候き。当時の様に五十人・百人一度安心とて被申候へども、わけもきこえず忩々（そうぞう）しきばかりにて、何たる事のた

うときも義理の相違も何もきこえず候事は前代なき事にて候。

と記しています。かつては報恩講に御影堂の御真影様の尊前で大人数が、それぞれに自督安心を口にだしていたようです。蓮如以前は各人がありがたく領解を声にだして披露していたみたいですが、それは騒がしいだけで何の尊さもありませんでした。そこで蓮如時代に一人ずつが尊前で改悔出言をするようになりました。そして次第に各人がバラバラに領解を言上するよりも、各人が同じ文を同時に唱和する工夫がされてきました。これが唱和のはじまりです。真宗本廟（東本願寺）は「領解文」を「改解文（がいけもん）」と言っていますが、本願寺でも「改解文」と言っていた時代がありました。改悔とは廻心懺悔などと同じ意味です。自力疑心の迷いの心をうちすてて本願他力の大道にゆだねることを言います。これを本文にあてれば、「もろもろの雑行雑修自力の心をふりすてて」を主にすれば「改悔文」とよばれ、「一心に阿弥陀如来」からを主にすれば「領解文」と名付けているみたいです。「領解文」の名称は第十八代文如（もんにょ）の跋語（ばつご）に由来しているといわれています。それでは領解文はどういうことを伝えているのでしょうか。

①安心「もろもろの………もうして候ふ」

②報謝「たのむ一念………よろこびもうし候ふ」

③師徳(しとく)「この御ことわり………ありがたく存じ候ふ」

④法度(はっと)「このうへは………もうすべく候ふ」

と、異安心や秘事法門にたいして浄土真宗の正義をあらわしているのが領解文です。このように四つに分けて、古くから領解文を理解しています。①は自力の心をはなれて、本願他力にすべてをまかせるという捨自帰他(しゃじきた)を勧めています。②は信の一念にわが往生が定まるのだから、信の一念からのお念仏は報恩感謝の念仏であることを明らかにしています。③は浄土真宗の教えを伝えてくださった歴代の善知識の恩徳に感謝すべきことを伝えています。④は念仏者の生活の心構えを伝えています。特に大切なのは①の安心です。この安心こそ一宗の生命線です。この領解は一般でいう分別ということでなく、正しく法をいただくことです。『御文章』第四帖目第八通に、わることを切に願っております。

令和五年

二〇二三年

一月十六日

龍谷門主　釋　専　如

※この消息と解説を読んだ私見を率直に述べます。

浄土真宗の肝要がわかりやすく正確に伝わることを願って、何百年ぶりに「新しい領解文」が発布されました。寺ばなれが進行している現代社会をみすえて、浄土真宗の教えが広まることを願う「新しい領解文」は、きっと教団の試金石になるでしょう。でも、「旧領解文」とくらべて、どこが「新領解文」なのかわかりません。また、教学面からみると、親鸞の教えを誤解する人が出てくるような気がします。

今まで構築された寺の各組織が急速に瓦解しつつある今日です。加えて、宗義がわからない形だけの僧侶・門徒がふえている現状があります。こんな状況下で「領解文」の唱和を奨励して、浄土真宗の教えがどこまで伝わり、お念仏をよろこぶ人がどれだけふえるのかと思うと聊か不安がよぎってきます…………。長い歴史の中で、曽ての念仏者は「領解文」を唱和しながら浄土真宗のご法義を身につけて、一味の安心を共有してきました。しかし、現代人はまず頭で理解してから行動する習性が身についているので、「新しい領解文」の唱和と勧学寮の「ご消息の解説」から、日々に念仏生活をする人がどれだけふえるのか未知数です。「新しい領解文」の解説は全体として心にひびいてきません。この解説を読んでどれだけの人が、阿弥陀如来の救いのなかにある安らいだ生活を感じとれるでしょうか。お聖教の文言と法味で「領解文」をすりあわせしているだけのように感じます。そうですからこの解説では「念仏とともに生きる生活のよろこび」を共有できそうもありません。宗門の碩学が苦心して会通した解説なのでしょうが、正直言って、これらの文言は現代人の心に届かず、現代人の求めている宗教的安らぎからほど遠いと感じました。この「ご消息の解説」を読んで、何人の人が念仏生活のよろこびを実感できるでしょうか。大事な教えが凝縮している解説ですが、教えが伝わりにくい現代社会に、「阿弥陀如来のお慈悲のなかに生きている生活」をどれだけの人が実感できるようになるのでしょうか。きっとさまざまな意見がでてくるでしょう。

　この「新しい領解文」がどのように受けとめられたか、インターネットで検索してみました。Twitterを特化しているTogetterの「浄土真宗本願寺派・新しい領解文への反応」がわかりやすいです。